タブレット純のムードコーラス聖地純礼

タブレット純・著

山中企画

『タブレット純のムードコーラス聖地純礼』目次

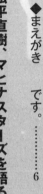

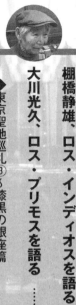

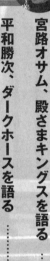

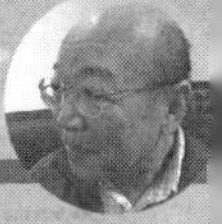
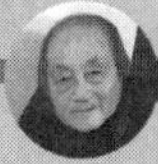
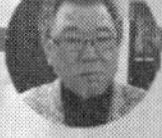

●カバーデザイン・PONSKY

写真提供・武田仁（マルベル堂）

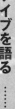

◆まえがき　です。

「お前今日からメンバーだからな」

マヒナスターズのリーダー、和田弘さんに告げられたときの衝撃は一生忘れることがないでしょう。前夜に突然「明日来れるか?」と鶴の一声。仲介してくださったのはマヒナのメンバーである日高利昭先生の奥さま。ここで〝先生〟とこうお呼びするのはその2カ月ほど前から日高先生の歌謡教室に通っていたためで、その教室も兼ねたスナックにリーダーが来るからあんたも来なさい、そういったお電話でした。

翌晩。気付けの酒をしこたましこんだあとスナックの扉をおそるおそる開けるや数人に囲まれた陛下のようなリーダーが、「おぅ、お前いいからちょっと唄ってみな」

訳もわからぬまま震えるマイクでマヒナの『泣きぼくろ』を唄い終わり着座するや浴びたのが冒頭の言葉です。その頃〝玄関開けたら2分でご飯〟なるCMがありましたが、これが〝スナック開けたら5分でマヒナ〟事件のおおよその顛末です。

さらに遡れば小学生の頃、夕げの匂い漂う茶の間、トランジスタラジオから流れてきた浮遊する深海クラゲのような旋律。「……これは何?」その時台所の母から事も無げに「マヒナでしょうよ」と野菜炒めに入ったキクラゲ同等フライパンでひっくり返されたマヒナなる不思議な暗号。この暗号がぼくの地球での磁場を麻痺させ、いつしか〝永遠マヒナ〟へと導かれていたのです。

あの時の橋本康之（本名）少年は今ではタブレット純という身も蓋もない名前となってさらに深海にさまよい、そうして目の前にいるのはなぜか海坊主、いや山中伊知郎さん。

「『GS聖地純礼』に続いて『ムードコーラス聖地純礼』、これ、やるしかないでしょう」

後追いファンとしてのグループサウンズ、そのゆかりの地を巡る旅を山中さんと終えてまだ間もないなか、その本が大して売れてもなく話題にもなってないなかの勝手にしやがれな続編です。しかしそもそもぼくのルーツはかようにムードコーラスなのであり、断る理由はありませんでした。山中さんにうなずく理由もないのですが、ここは不思議な因果兄弟として聖地巡礼界の「若井はんじけんじ」となって、治外法権の山中企画で頭の先までピーコピコと酔いどれ徘徊コンビの復活です。和田さんごめ～んね。

と、ここでぼくの胸に去来した和田弘さんの向こうには、なぜか加橋かつみさん。あれは先のマヒナ電撃加入のくだりから「おぅ、じゃ寿司でも食うか」と和田弘さんに連れられ入ったほんの2坪くらいしかないちいさなお寿司屋さんにたった1人いた先客がGSの王者ザ・タイガースの雄だったのです。ムードコーラスとGSの邂逅。それを思えばこの未来は約

束されたことのように思えます。あの時緊張して会話は出来なかったけれど、酔いどれ一瞬触れあった哀愁の漂うまなざしがいま、

「やっちゃいな」

と囁いてくれました。トッポ、ありがとう！（妄想）今年ねずみ年だし。（なんだそりゃ）というわけで、あの日別れ際和田弘さんに「立ってるだけでいいから」と言われ曲がりなりにも歌手としての生命を与えられた〝田渕純〟は20年近くの歳月を経て〝純礼〟という自分探しにしてご恩返し、そんな旅に出ます。因みにそれ以前、ちいさな古本屋を1人できりもりしていた頃には「座っているだけでいいから」と言われていた、立ってるか座ってるかだけの人生だったぼく。同じように普段はものぐさな山中さんも、ロープに振ればとりあえずよたよた帰ってきて技を受けてくれる方ではあります。

山中さんの得意技は〝青春18切符固め〟と〝マックコーヒーおさえ〟であります。またもへんてこな四角いリングを右往左往してるだけの本になるかもしれませんが、どうかこの山中遭難企画にゆるゆるとお付き合い願えましたらさいわいです。

令和2年秋

「立っているだけでいいから」といわれて。

マヒナ在籍時は計３枚のＣＤがつくられましたが、すべてＰＲ盤でした。

松平直樹、マヒナスターズを語る

松平直樹

＊＊＊＊＊＊＊＊＊＊＊＊＊＊＊＊＊＊＊＊＊＊＊＊＊＊＊＊

昭和9（1934）年東京出身。立教大学在学中から学生バンドとして活動し、昭和29年、和田弘とマヒナスターズのメンバーとなり、ボーカルを担当。独特の甘い歌声で一世を風靡した。一時、マヒナから離れたものの、平成元年に復帰。その後、ザ・マヒナスターズとして活動。

ぼくは今、曲がりなりにも「お笑い芸人」として活動しておりますが、その曲がりすぎたすべての原点を辿ると、ラジオの箱からマヒナスターズの音楽に触れて電流が走った、あの小学生の時分に帰ります。といって、マヒナは決してイロモノ芸人集団なわけではありませんが、思えば子供心にシビれたのは、1本マイクを前に目眩く変化するレインボーなコーラスであったり、鍵盤のようでありながら不思議に遊離する電気くらげな音色……そういった妖しいイリュージョン感に〝大人の遊園地〟を見ていたのかもしれません。

懐かし系の番組で初めて目撃した動くマヒナは、白黒でありながらすでに灰色化しつつあったぼくの心をたちどころに灰殻《はいから》な総天然色に変えてくれました。そしてそのアダルトオリエンテッド遊園地の総支配人は笑顔が貼り付いたような甘い声の男性。「坊や、飴玉買ってあげる」などと言われようものならいかなる警戒心さえもろくも溶けてしまいそうなこの男性に心はすっかり誘拐されたのでした。その方こそが今回インタビューが実現することとなりました松平直樹さんであります。

〝ミスターマヒナ〟のようでありながらアンチマヒナの顔も併せ持つ、タイガーマスクとブラックタイガーが一体となったようなひとり田園コロシアム。グループの創設メンバーでありながら脱退、再加入、そしてまた脱退……そのお陰で突如としてさえない時給630円の古本屋店員がいきなりウルトラアイを授かることになるのですがそれはまた別の話。

いま唯一神としてマヒナで在り続ける松平さんはいかにマヒナを愛し、マヒナを憎んだか。そしてその源泉が湧き出ずる聖地とは……？

寒空の下待ち合わせ場所に現れた山中さんはそんなぼくの内なる歴史的一大事などどこ吹く風のように今日もゆるゆると鼻毛をそよがせているのでした。さて、いざ対談場所の喫茶店へ。エレベーターを上がりきる前に、一人の女性が我々を見つけてなめらかに手を振ってくださっています。何十代目、いや何百代目であろうか松平家お付きの女史。ご対面への演出を盛り立てていただいた上で、奥に果たして鎮座する松平さんはやはり穏やかな笑顔を貼り付けながらちょこん、と座っておられました。

****

ムードコーラスの産声は亀戸「芭蕉」から

タブ　大学時代からバンド活動をされていたんですね？

松平　そう。大学時代からハワイアンやってた。学生バンドの人が「パラダイス」って喫茶店を作ったの。池袋の西口ね。それでずっとそういう所に出てたの。

タブ　学生バンドで、もうお店に出てたんですね。ちなみにその学生バンドで、その後、プロになった方っているんですか？

松平　他には三島敏夫さん。そこに三島敏ちゃんがいて……。

タブ　そのときに三島さんがいたんですか。先輩というかたちで。

松平　先輩ですね、あの人は軍隊いってるからね。しかも特攻隊。マヒナに一緒に2、3年はいたんじゃないかな。

それからバッキーさんのところに行ってる。

タブ　バッキー白片とアロハ・ハワイアンズは日本のハワイアンの草分けですよね。マヒナの佐々木敢一さんも一時在籍されていますね。松平さんは、マヒナには和田さんに誘われた感じだったんですか

松平　そう。

タブ　入ったときのメンバーは日高利昭さんとかいらしたんですか？　僕の師匠になるのですが。

松平　あの人はいなかった。いや、いたかな。三島さんがいたし、それから佐々木がいた。

タブ　佐々木さんははじめからいたんですね。和田さんは「あいつは行ったり来たりしていやがった」と言っていました（笑）。

松平　三島敏夫が連れて来て、バッキーさんところにもどっちゃった。そのあと三原さと志を入れてね。

タブ　三原さんはハワイアン畑なんですか？

松平　ハワイアンじゃない。ジャズ。亀戸の「芭蕉」ってところで駅前でジャスバンドがいて、そこで唄ってたの。

タブ　あ！　亀戸はマヒナの原点、聖地じゃないですか。

松平　聖地みたいなもんですね。

タブ　「芭蕉」に三原さんもチェンジバンドで出ていたんですね。それは今、はじめて知りました。ハワイアンとジャズで対バンするんですか？

松平　もちろん一緒だった。それでマヒナがやめて「日比谷倶楽部」ってところに入った。

タブ　マヒナは1回やめたんですか？

松平　そうそう。「日比谷苑」の「日比谷倶楽部」。そうだな、日比谷公園の一番かどで裁判所みたいなのがあって、そのハス前に「日比谷倶楽部」があって、敢一、それからさっきいってた三島さんもひっぱったんだけど、三島さんが佐々木敢一に引っ張られてバッキーさんのとこに戻っちゃったんだ。それでしょうがないんで、三原さと志も入れて。

タブ　では、日比谷に移った時点では三島さんと佐々木さんはいなかったんですね？　すごい初期のマヒナの写真をみると、アコーディオンの人が入ってたり……。

松平　あれは僕がいれたんですよね。

タブ　フランク永井さんの曲などカバー曲を4曲いれたレ

コードがあるんですけど、アコーディオンの人が写ってる写真があるんです。

松平　へえ、すごいものもってるね（笑）。そりゃ貴重だわ。僕もないものそんなの。

マヒナ結成へ

タブ　結成のときは4人で結成とあるんですが、結成の初舞台はどこですか？　資料には和田弘とマヒナスターズは当時、和田弘、三島敏夫、松平直樹、日高利昭、この4人で結成とあります。やはりこのメンバーで「芭蕉」へ？

松平　「芭蕉」かな？　「芭蕉」は夜中に働いていて、それまでナイトクラブって日本になかったの。

タブ　ナイトクラブですか？　それは朝までやってるような空間ですか？

松平　3時までやってる。ジャズは一流のジャズマンがいたな。そこへ三原さと志がいたわけ。

タブ　初期メンバーの田中政晴さんはいつ入って来たんですか？

松平　田中政晴は「芭蕉」の最後はいたかな。肺病でね。元気じゃなかったの。それからマヒナに入ってから1年くらいで死んじゃったけど。

タブ　小学校のころ、『徹子の部屋』にマヒナが出た回で、そのエピソードに泣きました。息子さんは70年代、チャコとヘルス・エンジェルスというのにいたアイドルのチャコさんで、息子さんも最近亡くなられてしまいました。あと山田競生さんは？

松平　これがね、田中を山田が連れて来たんだよね。マヒナに入ってから、ちょっと夜中がきつかったんだね。メンバーになってすぐ亡くなった。

タブ　ナイトクラブ以前の舞台というと思い出されるのは？

松平　進駐軍だよね。進駐軍のクラブ。トラックに乗って。もう帰ってくんのは朝だよね。

タブ　進駐軍はどこを巡ったりされたんでしょうか？

松平　そりゃもう色々なとこに行ったから。トラックに積まれてね。なんだかわからないくらい（笑）。

タブ　そういった時代は、結成のころですか？

松平　そうそう、結成のころっていうか、ジャズ喫茶とかまだないからさ、ナイトクラブはあったよ、みんなナイトクラブの方で仕事してたからね。そのうちに東京のナイトクラブがよくなくなっちゃったもんだから横浜にいったの。

タブ　横浜のナイトラブにもいったんですね。それはもうマヒナが売れる前のはなしですか？

松平　そうそう。売れたらナイトクラブなんか出る必要ないから。

上から４番目、早逝された田中さんの愛称は“ヤッカマ”。誰からも愛された青年でした。

タブ　売れたら凄い高いギャラでキャバレーとかナイトクラブに出るというわけではないんですか？

松平　そりゃ大きなプロダクションじゃないの。我々はもうプロダクションなんてないから。マヒナは、直接、ナイトクラブから来ないかってお呼びがかかって仕事する。

タブ　マヒナは大きい事務所に入っていなかったんですね。

松平　もちろん。だいたいそのころなんか会社がない。ナベプロがやっとできたくらい。それまでクレージーキャッツとかいたんだけどね。売れてなかったな。

タブ　ではそうなると和田弘さんとかがスケジュールを管理していたのでしょうか？

松平　ひとつの、たとえばナイトクラブに入ったら、そのころ外なんか出てない。

タブ　あ、完全に1カ月とかフィックスで入っちゃうということでしょうか？

松平　そうそうそう。3ヵ月くらいだね。ナイトクラブでも、このバンドは客入れると思ったら、また後引っ張ってね。半年くらい出てたこともあるし。

タブ　横浜はなんていう店に出てたんですか？

松平　横浜はいっぱいあったね。ちょっと思い出せないなぁ。

「日比谷倶楽部」で饗宴の日々

タブ　やはりマヒナの聖地は「芭蕉」ではないかと。我々はそのところにいって、記念写真撮ります。そこに立って、何もしなくても、その風に吹かれながら撮ります。

松平　変わってるねぇ（笑）。「芭蕉」は、今の銀行のあたりかな、真ん前、亀戸駅の、地下がないところ。

タブ　何階建ての建物だったんですか？

松平　1、2階ですよ。広さは100人入るかどうかくらいかな。

タブ　そこに吉田先生とフランク永井さんが評判を聞きつけて観に来たというのが、当時のソノシートとかに載ってるんですが……？

松平　それはもうぜんぜん。来てないですよ。いや「日比谷苑」の方に来たのよ。吉田先生もね。

タブ　「日比谷苑」と「日比谷倶楽部」というのは、別の建物になるんでしょうか？

松平　ああ、確か「日比谷苑」ていうのは中華の方だと思うんだ。その上が「日比谷倶楽部」だよ。2階がナイトクラブで1階が中華料理屋。

タブ　「日比谷倶楽部」の広さはどれくらいの感じだったんですか？

松平　ナイトクラブの？　そりゃ大きかったですよ。ナイトクラブってのは、ようするに銀座のクラブが終わると、その連中が「日比谷倶楽部」にきて、そこでカネつかわして自分たちもその中からもらうわけ。やっぱり1時2時までやってたね。そう、横浜まで稼ぎにいくのもいたもんね。

タブ　え、そのあと、車で移動するんですか？

松平　もちろんもちろん。酔っ払い運転なんて平気だったからね。今は時効かな（笑）。

タブ　横浜までいったら2時間くらいかかりますか？

松平　そんなにかからない。早いよ夜中だから。2時くらいに横浜に着く。遅くとも3時。まだ交通量も少ないからね。

タブ　で、横浜で5時くらいまでやって？

松平　そうそうそう。

（ここで松平さんは、「日比谷倶楽部」のあった場所を頭で回想しながら、説明してくださいました）

松平　日比谷公園は国の土地だったのよ。それでだめになっちゃったんだよ。「日比谷苑」は中国系の人が作ったの。

タブ　場所までありがとうございます。ところでレコード大賞をとったときのことは覚えていらっしゃいますか？

松平　そりゃ覚えてるよ。35年だもん。

タブ　どこだったんでしょう。レコード大賞の会場は？

松平　会場はね、女学校の講堂……。えー、あ、共立講堂かな。そう。共立講堂へ全部集まったからね。吉田先生、古賀先生、服部先生、たいへんなもんだと思ったもの。2回目だったから。

想い出のニッパー盤でデビュー

タブ　吉田先生とマヒナ。改めて運命的な出会いですね。

松平　お客が入ってきて、そういう作曲家やなんかの耳に入ってビクターがナイトクラブに連れて来てたんだよ、先生を。

タブ ナイトクラブでは、どんなセットで演奏されるんでしょうか？

松平 5、6回やってたんじゃないかな。ワンステージ50分くらいを。

タブ 「芭蕉」と「日比谷倶楽部」、それぞれどのくらいの期間、専属で出演されてたんですか？

松平 「芭蕉」は1年やってたんじゃないかな。「日比谷倶楽部」もこれも1年はやってたんじゃないかな、誘いに来られてそれで「日比谷倶楽部」で有名になったんだからマヒナは、「芭蕉」で客が入り始めて、「日比谷倶楽部」のマネージャーが見に来てて、引っ張られて「日比谷倶楽部」に入った。

タブ 「日比谷苑」に出ているころにレコードデビューが決まっていたという感じじゃないんでしょうか？

松平 そうそう、最後の頃ね。32年の秋くらいかな。

タブ それが『東京の人』のレコードになりますか？ プレデビュー期はカバー曲のみですよね。

松平 あれが出た時いたのは「芭蕉」だったかな。いや「日比谷倶楽部」でも最初は三浦洸一さんの『東京の人』だったな。

タブ 小さいニッパー盤のやつですよね。ぼくは持ってないんですけど、松平さんはお持ちですか？

松平 あれ、もってたらねぇ。山口洋子とか、みんなもってた。それでね、自慢してた。

タブ へぇ。あの山口洋子さんが。つまり銀座のホステスさんから人気に火がついたんですね。それがあって、最初のオリジナルが『泣かないで』になりますね。松平さんはもともと歌謡曲が好きだったんですか？

松平 そうそう。マヒナ入って誰も知らないんだ、歌謡曲。三島敏夫さんが少し知ってたかな。ぼくはガーッと色々先祖みたいなもんだよ、歌謡コーラスのね（笑）。

タブ 初期のマヒナは松平さんが1人で裏声もぜんぶやってたんですよね。

松平 いなくなっちゃったからね、佐々木が。あいつがいればあいつにやってもらってたんだけど。それでまた三島敏夫といつも一緒だったんだよ、あの人は、佐々木は（笑）。

タブ 「芭蕉」とか「日比谷倶楽部」では主にどんな曲をおやりになってたんでしょうか？

松平 だから最初はハワイアン。三島敏夫っていうのがジャズを少しやるようになって。

松平さんこそムード歌謡の元祖

タブ 歌謡曲をやろうといい出したのはどなただったんです

か？

松平　歌謡曲をやらせたのはぼくなんだよ。

タブ　松平さんが歌謡コーラスのほんとの先祖ということになりますね。

松平　そうね。いや。ホントに。

タブ　抵抗はなかったんですか。ハワイアンバンドだからハワイアンがいいよっていう人は。

松平　いなかったな。もう。その頃までだね、歌謡曲よりハワイアンが人気あったのは。

タブ　やはりマヒナでは松平さんがダントツで当時から人気があったんですか？　ご自分でいいづらいと思うんですが。

松平　当時、ぼくしかいなかったからね。三島敏夫さんがバッキーさんのほうにもどっちゃったし、余計にもう。

タブ　早逝された田中さんというかたは何をやられていたんですか？

松平　ウクレレとコーラスもやってたね。

タブ　田中さんは、和田さんがよく「大泉滉みたいなとぼけたヤツで、お前はあの役回りだな」とか云ってました。ベースの山田さんはまだご存命で？

松平　どっかいるねぇ。きっとね。いるけど、どうなんだろう。

タブ　15年くらい前に市が尾というところで歌謡教室やっていて、山田さんが。そのときはまだ元気そうでいらっしゃったんですけど。息子さんが俳優の広岡瞬さんですね。ナイトクラブっていう空間の雰囲気がちょっと知りたいのですが。

松平　要するにホステスが居るんですよ。１００人くらいのところに10人はいるかな。あとは銀座とか店終わってお客を連れてくる。よそのホステスですよね。来ると店からももらえるから、おカネが。

タブ　お店全体はダンスホールみたいな感じだったんでしょうか？

松平　そうそうそう。中にホールがあってね、まわりにみんなテーブルと椅子があってね。石原裕次郎とかも来ましたよ、ずいぶん。

タブ　裕次郎さんも！　映画さながらですね。『狂った果実』とかも横浜のナイトクラブで撮影されたと聞きました。ナイトクラブはキャバレーとはぜんぜん違うんですね。

松平　キャバレーとはまた違う。まあそのころは『東京ナイトクラブ』なんて歌も流行っていて、良く流行っていたんだよね。

タブ　他のところからホステスさんがお客さんと一緒に来るんですか。松尾和子さんと最初にお会いになったときの印象とか、場所とか覚えていらしたら……？

松平　松尾はね、フランク永井もビクターから出たから。それで3番目が松尾で、2番目がフランク永井で、それで最初から三浦洸一さんも出て来たよ。だからそのへんが「日比谷倶楽部」によく遊びにきてて、それでマヒナも引っ張られて、それでビクターの専属。

タブ　そして松尾さんのデビュー曲もマヒナがバックアップしましたね。『グッドナイト』のほうがA面でしたよね、確か。B面が『東京ナイトクラブ』で。翌年には『誰よりも君を愛す』で第2回レコード大賞という……素晴らしいですね。

数々の映画出演と『お座敷小唄』

タブ　ところで『泣かないで』が映画になってるのって、ご存知ですか？

松平　日活だな、おそらく。当時の日活はね、ヒットしたレコードのあれ、みんなやったから映画化。

タブ　映像、もってるんですけど。『泣かないで』の映画。映画評論家のかたから譲り受けまして。

松平　そら、大変な事だよ（笑）。

タブ　ちゃんとそのタイトルバックにマヒナが出てきて、たぶんナイトクラブだと思うんですけど、そこで唄うシーンが。

松平　なにしろ、ちょこちょこと出されたもん。

タブ　面白いところでは、東宝の『世界大戦争』。フフンキー堺さんが見ているテレビのシーンでマヒナと多摩幸子さんが『北上夜曲』を唄うシーンが一瞬映ります。あと、『素晴らしき17才』という映画にたしか出てて、主題歌がマヒナの『潮風』という曲で。

松平　あ、津川雅彦。津川雅彦とやったことがある。

タブ　その映画もちょっと映像をもっているので……。

松平　見たらわかるよな。

タブ　『潮風』って歌、いい歌ですよね。

松平　いい歌だった。「♪　忘れな草のブローチが……」って。

タブ　ワァ、カンゲキです……。ありがとうございます。ちょっとあとになりますが、『喜劇駅前金融』というのにもマヒナが出ていました。そこで唄われる『駅前小唄』っていうのが……。

松平　あ、『お座敷小唄』が売れた年、１９６５年でしょ。森繁さんやなんかの「駅前シリーズ」で。

タブ　『お座敷小唄』は３００万枚売れたとも云われていますね。

松平　そう、暮れから正月も、レコード店の前で並んでるの。オレたち、飽きてたけど、売れた歌だからって、ディレクターに言われて、レコード会社の人と一緒に挨拶に回ったの。そのくらい売れた歌なの。オレの作詞にしときゃよかったな、ほんとに（笑）。いまだに印税が入ってるよ。

タブ　作詞はどなたってことなんですか？

松平　作詞不詳。オレ半分くらい書いたんだから、欲がなかったんだね、そのころ欲がなかったからね。

タブ　『続・お座敷小唄』では松平さんが作詞になってますね。松平さんがマヒナで好きな歌っていうと何曲かあげるとしたら？

松平　やっぱり『愛して愛して愛しちゃったのよ』かな。これは普通に『お座敷小唄』のあとだったのよ。出した途端に100万枚いっちゃったからね。

タブ　和田弘さんは、中尾ミエさん、さらには加賀まり子さんに唄ってもらいたかったと云ってましたが、初々しい田代美代子さんとのコンビ、やっぱり売れると思いましたか？

松平　売れると思った。レコードの売り上げがわかってきた時代だったから。

タブ　田代さんとのコンビで言うと、そのあとの『涙と雨にぬれて』とかはお好きなんですか？　僕はとても好きなんですが、なかにし礼さんの処女作になりますね。

松平　そんなに。『愛して愛して愛しちゃったのよ』ほどじゃないけど、あれはある程度は売れたね。

「お笑い」の人たちとの交流

タブ　東芝にいってからのマヒナでは『男の夜曲』が一番のヒットではないかと。あと売れたのは『私って駄目な女ね』。大形久仁子さんで、後の内田あかりさんと一緒の。この曲の作詞とか誰かっておぼえてます？

松平　作詞はね、おぼえてるかな……。

タブ　上岡龍太郎さんなんです。以前、上岡さんがテレビで思い出の曲として挙げられ、マヒナと共演したのを観たことがあります。

松平　あ、これ、オレが関西に仕事行ったとき、上岡龍太郎がきて、おもしろいからやってよ、って。

タブ　漫画トリオのあとに作詞をされてた時期があったとか。もともと交流があったんですね。松平さんは、芸人さんとも昔から交流があったんですか？　ご自身も落語がお好きで。

松平　談志なんかしょっちゅう飲んだよ。

タブ　こないだ、博品館のぼくのリサイタルのときに、談志さんの息子さんが来てくださって、松平さんがいらっしゃるなら、会いたかったと言っておられました。ぼく、立川一門の噺家さんの前座とかけっこうやらせてもらってるんですけど、松平さんは、昔から談志さんをよく知っ

ついに実現！　マヒナ統一の歴史的ショット！　ファンの主婦ではありません。

ていらっしゃるということで？

松平　談志とはよく飲んだよ。銀座の「美弥」でね。

タブ　有名なお店ですね。中尾彬さんなんかもお仲間だったという。中尾さんは『女狐』のジャケットも描かれましたね。松平さんは、今はお酒は飲まれますか？　晩酌はいつもやられる感じで。

松平　やるときとやらないときがある。ウチじゃそんなに飲まない。外だね。大ぜい飲み仲間がいるわけじゃないしね。昔はいっぱいいたけどね。キミは飲む場所があんの？「美弥」みたいに。

タブ　ぼくはそんなに高いところでは飲めないです（笑）。やっすーい赤羽の立ち飲み屋とかで1人で飲んでるんです。

松平　飲んでるのは赤羽なの。

タブ　住んでるのは中野なんですけど、中野でもしょっちゅう飲んでますね。赤羽は安い店が多いんで。

松平　昔はぼくもよく飲んだけどな、赤羽で。

タブ　松平さんが赤羽で？　意外だなァ（笑）。マヒナのメンバーだと、誰と一番気が合ったみたいのありますか？

松平　気が合ったの、いないね。みんなね、それぞれ親分みたいになっちゃったの、あんなに売れると。売れたからね、マヒナは。自分が一番エバってたけどね（笑）。

85歳とは思えない肌艶

タブ　マヒナとクレージーキャッツが競演している映像がYoutubeにあがってるんですけど。
松平　あ、見た見た。
タブ　あの映像は凄い貴重ですね。
松平　クレージーね。そう、おんなじナイトクラブ、「日比谷倶楽部」でも共演してたの。
タブ　クレージーも出てたんですか？
松平　クレージーも出てたの。毎日じゃないけど、月に1、2週間くらい出てたかな。
タブ　そのころからコミックバンドみたいに？
松平　そうそう。
タブ　クレージーのほかに、その後、メジャーになったバンドとかは？
松平　リリオ・リズム・エアーズとか。
タブ　伊藤素道さんの。ナベプロの創成期からいましたね。
松平　知ってるね。たいしたもんだ。
タブ　そのあとテレビで活躍する人たちが出てたんですね。
松平　そう。よく出てた。そうそう、山口洋子もしょっちゅう来たよ。もう店持ってたもん。
タブ　マヒナが東芝に行ってからですか？『あなたのうわさ』は山口さんが書かれてますよね。
松平　（ちょっと唄って）そうそうそう、これも僕書いたの。
タブ　山口さんが書いたことになってるんですが、実は松平さんが？
松平　そう、書いたことになってる。まぁ共作だね。どうかしらって持ってきたから、この続きをどうしようってなって、半分、僕が書いた。
タブ　東芝時代だと『哀愁の夜』って曲を作られたのはおぼえておられますか。『花化粧』のB面。
松平　そんな曲あるね。
（タブレット唄う）
タブ　作詞作曲が松平さんになってるんですよ。ぼくは好きで。
松平　よく知ってるね、そんな歌（笑）。どのくらい唄ったかな……よく覚えてない。
タブ　ものすごくレコード出してますね。マヒナいなかったら、ムードコーラスというジャンルもなかったと思います。『はいはいマヒナです』という番組はおぼえていますか？
松平　『はいはいマヒナです』、おぼえてるよ。
タブ　あれはマヒナがもちろん主役で、司会者とかがいたんですか？
松平　司会者はいろんな司会者つかってたけどね。
タブ　あまり資料がないんですが、たしかTBSだったような……。

松平　テレビは玉置宏が多かったね。

タブ　『ラップラップショー』っておぼえてますか？　フジテレビの『勝ち抜きエレキ合戦』の前番組。司会は鈴木ヤスシなんですが。

松平　知らないよ、それは忘れちゃったね（笑）。

タブ　紅白にも何回も出てますね。そしてオリジナルメンバーが再結成した時も出演されました。

松平　あ、そうそう、紅白はね。あの年は30分くらい増やしたんじゃないかしら、時間を。やっぱりあれだね、NHKもいっぺん出さなきゃいけないと思ったんじゃないの。

タブ　平成元年のときは、ぼくは中学1年生だったんですけど、すでにマヒナの大ファンだったので、小学校の卒業アルバムにマヒナのことを書いて、松平さんが一番大ファンだったので、今は、こうしてお会い出来て本当に幸せです。

松平　ありがとう。

タブ　『銀座ブルース』をTBSで唄ってる映像とかは残ってて、『テレビ探偵団』という番組で流れたんです。それを当時ビデオで録って、何百回と観ました。『愛しちゃったのよ』では、佐々木さんが田代さんにキスしようとしてよけられて、松平さんとキスしちゃうっていうシーンがあって……。

松平　えー、やだなー（笑）。

タブ　では、写真撮影の方をお願いいたします。

松平　そう。わかった。

タブ　肌つやがめちゃめちゃいいですね。凄いお若いですね。

松平　そうだね。85には見えないと思うよ（笑）。

タブ　スゴくいい取材になりました。ありがとうございます。

＊＊＊＊＊＊＊＊＊＊＊＊＊＊＊＊

重鎮たるオーラを放ちながらも、その瞳はどこか「くまさんかき氷器のキョロちゃん」のような愛くるしさをたたえた松平翁に、当初は神さまのご託宣を待ち受ける緊張した面持ちも徐々に氷解していきます。

こうして落ち着いて面と向かうのは初めてながら、松平さんとお会いするのは実は3回目。最初はもう20年近くも前、初対面なのにぼくもマヒナで松平さんもマヒナという水戸黄門の「ニセ黄門様」の回のような奇妙なシチュエーションでした。しかも場所は志木のホストクラブ。

詳しく話せば長くなるのですが、ぼくは当時2つ存在したマヒナ騒乱を統一ヘビー級ベルトにするべく密かに松平さんの経営されていたお店へお客として忍び込んだのです。結果は夜明けの志木駅でくの字でぶっ倒れている自分がいました。泥酔したのです。ぼんやり記憶しているのは、ホストの方達による困惑ありありなへビロテ応対と、やっと深夜にお出ましした松平さんの芳ばしさとほろ苦さの混じった紫蘇焼酎のようなうるんだまなざし。戻りたくても戻れない、色男が紫煙にけむるムード歌謡さながらの横顔でした。

時は流れて、つい先だっての舞台袖。『三人の歌仲間』と題されたそれは、新世代のメタルムードコーラス・純烈の皆さんと、松平さん率いる生きる伝説と化したマヒナ、それにぼくというとんでもないジャイアンシチューのようなコラボのTV収録でした。

ここでぼくのソロ枠の舞台をひっそり見届けてくださった松平さんは静かにうなずきながら「お前さんはこの世界でやっていけるよ。ちゃんと芸を追求してる」と有難すぎるお言葉を残して去って行かれ、やっとこうして同じ目線で、同じ空間で珈琲を啜れる資格を得たのです。

そんな内なる歴史的一大事を巡らせているぼくを尻目に山中さんはウォークマンのカセットテープをガチャガチャとぶっきらぼうに取り出していました。テープは昭和なAXIA120分。使い回すとテープ伸びますよ。と、席を立とうとしたその時、松平さんがお付きの方に向けて「……で、いまの女性、誰?」と囁いたのは聴こえないふりをして丁重に深々とおじぎをするぼく。……あぁ、どこのおばさん? と言われなくてよかった。

終始、魅惑の“松平スマイル”でお話し下さいました。

●コラム

◆東京聖地巡礼①

～産声の亀戸篇

昼下がりの亀戸はきらきらとした陽射しが降り注いでいますが暦はまだ2月。亀だったら全身を甲羅にすぼめたい寒さです。ラジオのレポーターからの帰りの足、山中さんとの待ち合わせ時間にはまだ少しあるので、下町にはまだ点在する銭湯でひとっ風呂。この亀戸界隈は10数年前、まだ「田渕純」だった頃にスナックキャンペーンでよく訪れていた場所で、その時分にもお店に行く前にとりあえずこうして湯船にぷかりと頭を浮かべていました。

スナックといえば「とまり木」という看板を全国でやたら見るような。ぼくもこうしてあちこちうろうろしているようで人生全体は「とまり木」な気がいたします。残り湯気と半濡れ髪をたずさえ駅前で「とまり木」になっていると山中さんが大亀のごとくのしのしと現れました。今日の聖地巡礼はこの本のいわば真髄、核となるムードコーラスの源泉、またぼく自身のルーツともなるマヒナスターズ発祥の地というナイトクラブ「芭蕉」からのスタートとなります。

亀戸の地に来る度、ぼんやりとその感慨にふけることはありましたが、なんだかこれから先祖のお墓参りに行くような、ともすると山中さんの光頭がお坊さんのようにも見えます。しかし、ここにおいてもたやすくご先祖さまは「よぉきおった」と笠智衆のような笑みを称えてはくれません。松平さんは「駅前のM銀行」と仰っていたのですが、ちょっと駅前というには隔たりを感じます。距離だけではない、そう、ぼくはこのM銀行のATMを利用しているのですが、作動したと思った機械が急にため息のような音になり「残高が不足しています」という紙を吐かれるあれ。あんな感じの無情な他人感が漂っています。

「芭蕉」跡。そういえば住友系のコンビニでバイトしてたっけ。

山中さんも腑に落ちない様子。「山中さん、実はぼくさっきまで古めかしい商店街にいたのですが、その界隈で聴き込みをするというのは如何でしょうか？」「アイアイサー」とは言わないけれどでかい警察犬のような山中さんを得意のドカドカ取材へと持ち込み、ぼくは買い物を忘れた主婦のようにまたぞろ商店街へ戻ります。すると八百屋さんの店先で、おばちゃんたちの天気がどうだという世間話にも堂々たる異物として割って入った山中さんが答えを難なく導き出してくれました。M銀行に非ずS銀行だとおばちゃんたちは事も無げにいいます。「しかし「芭蕉」はもうとっくになくなってるわよ」「いや、それでいいんです」一般人からしたら何が「それでいい」ものか、用を足したいのに公衆便所跡で満足するばかがどこにいるものか。しかし山中さんは確固たるジュンレイストの矜持を以て「それでいいんです」とおばちゃんたちに言い放ったのでしょう。雄々しくそよぐ鼻毛がそれを伝えてくれます。

駅前に戻るや下町には相応しい屋号の住めばフレンドなるS銀行がすぐさま目に止まり、当たり前ですが銀行そのものの顔で迎えてくれました。古くからの地元の方々が教えてくださったのだから間違いないでしょう。♪「芭蕉」は情けに手を招く～……ふと『芭蕉布』の一節が心に流れます。この歌は実はマヒナも晩節のアルバムでカヴァーしていて、リーダーはじめ創設メンバーの皆さんも「芭蕉」にはひとかたならぬ想いがあったのかもしれません。

銀行で記念写真を撮るなんて、宝くじ当たった人くらいかしらとぼんやりくゆらせながら山中さんのスマホにおさまります。山中企画もバブリーな時があったと聞きますが、銀行を前に山中さんの胸にも悲喜こもごもなブルースが鳴って……ないか（笑）。

先ほどのおばちゃんたちによると「芭蕉」はナイトクラブとしての役割を終えた後も喫茶店などに顔を変えしばらくは生き残っていたとか。「オカマバーにもなった」と耳の端にかすめたのは気のせいか。路地を入って銀行の裏手に「ニューハーフパブ笑いの大学」というのがあるのも気になります。近々裏口入学してみようか。

しかしそれ以外にかつて下町に浮かぶ娯楽の殿堂だった遺構を見つけることは叶いませんでした。松尾芭蕉の『奥の細道』は〝月日は百代の過客にて、行き交ふ年もまた旅人なり〟という序文で始まるそうですが、深い意味はわからないけど我々の〝純礼〟もつまりそういうことなのだ、と自分に言い聞かせ亀戸のちょっとアンモニア色な奥の裏道を後にします。

ちなみにぼくは宝くじで10億円当てたことがあるのですがそれはラジオのリスナー企画。ぼくが買ったそれはリスナーの手に渡り、一生の運が使い果たされたいまは山中企画のもと自動改札でピッと小金を吸い取られるだけの人生となりました。ムードコーラスによる〝亀の産卵〟を見届け次に向かうはマヒナが大海を泳いだ地、日比谷であります。

◆東京聖地巡礼②

～寒月の日比谷篇

地下鉄日比谷駅の階段を這い上がると、そこにはさらに厳しい北風の夕闇がありました。れいのコロナ禍が徐々に忍び寄っているさなかであったこともあり、ひとけの少ない日比谷のビル街。その向かいに広がる日比谷公園もシンとした雰囲気をまとっていて、何となく前時代的な、ムード歌謡黎明期のシックな演出を漂わせてくれています。失礼ながらどてっ腹な山中さんも、言い換えれば恰幅がよい方なので、これでスーツに山高帽など被れば、当時の「日比谷倶楽部」に通いつめる商社の社長、に見えなくもありません。

すると「いやぁ、疲れましたね。さっきこのあとの銀座は歩いて行きましょうって言いましたけど、寒いし、やっぱ地下鉄にしましょう」との成金振りを発揮してくれました。「え～歩いてぇ?」と思っていたところでしたのでたまには心の中で誉めてみるものです。あきらめ早っ。そんなことはさておきここではマヒナがまさにスター達となった、その息吹をしっかり感じなくてはなりません。その聖地「日比谷倶楽部」は松平さんによれば〝家庭裁判所の向かい〟とのことでしたが、向かいというと日比谷公園のエリア、という解釈でよいのでしょうか?

家庭裁判所は近くに止まっていた親切な初老のタクシー

日比谷パレスさん前にて。とりあえずスイート。

の運転手さんによってすぐ判明、その向かいにはすでに宵闇となった公園の森の中にイルミネーションが潤んでみえます。近づいて見ると、そこにはどこかメルヘンな白亜の洋館が佇んでいました。3階建てと見え、その円筒には〝HIBIYAPALACE〟と刻まれているのですが、入口のご案内プレートに〝「日比谷倶楽部」〟ともあります。え？ ここ？ まさか本当にタイムスリップしていたりして。山中さんとこのまま時空に取り残されたら見世物小屋送りです。

そんな心配をつゆ知らず山中さんはまたドカドカと洋館に突き進み、早くも若きウェイターをつかまえていました。度重なる、意味不明であろう質問にも綺麗な言の葉でスマートに交わす男性。よほどの高等教育を受けた、すなわち我々には貴族的といっても過言ではないレストランと見えました。開店前なのかお客もまだ無く、はなからお客と寸分も見なされなかった我々は最後には「いい子だからおんもで遊んでおいて」とばかりの優しい手で出口へと促されていました。またジャイアントベビーとなってしまった山中さんですがむずかることもなく「ここは関係ないみたいですね」と髪もないのにばっさり。しかし、それは例えば人脈的な繋がりもないのに令和の今もなお「上田馬之助」が存在するように、何かしらのオマージュを込めて「日比谷倶楽部」と名乗っているのではないか。そんな浪漫がかきたてられる幻想的な空間がそこにありました。

後で調べてみるとこちら日比谷パレスさんは〝都会の森の一軒家〟と称される良心的なフレンチレストランにして結婚式場であることが判明。その2階のラウンジを「日比谷倶楽部」と称しているようです。披露宴か二次会か、マヒナの音楽でダンスパーティーがここで催されたらどんなにか素敵なことでしょう。……すみません。実はここも我々お得意の不明瞭な〝ぬかるみ聖地〟として幕を閉じてしまうのですが、この宵の寒月と青い灯は在りし日のマヒナスターズ、ハワイ語で〝月と星たち〟の残響を確かに響かせてくれました。いきなり核心をつくよりは、たい焼きの周りの〝羽根〟をへつっては舌に溶かすのもオツということで……。お次は、大衆食堂といえば「漫画ゴラク」くらいに符号的《シンボリック》なムード歌謡といえば銀座の奈落へと浮遊いたします。

(注) 松平さんは、インタビューでは「日比谷倶楽部」とおっしゃっていましたが、和田弘・著『マヒナ主義』によれば、そのナイトクラブの名は「日比谷イン」とあります。

実はぼくもかねてからそう認識していたのですが、果たして真相は……？

因みに「日比谷苑」に関しても、青山に「日比谷園」という老舗中華料理店が現存しており、この因果関係も不明のまま。

山中さん、とりあえずこの本が118冊売れたら118（ヒビヤ）記念で「日比谷園」に連れて行ってください！ 勿論、ランチでいいです。

＊カルトコーラス残響伝①

～久保内成幸とロマネスクセブンの巻

「ビートルズになれなかった男」ピート・ベスト。いきなりクリス・ペプラーさんの声が聞こえそうな文言からですみません。洋楽に詳しくないぼくがそれを論じあげられるはずもないのですが、幻の～みたいなエピソードには何かと興味をそそられますね。ここではマヒナスターズにおける〝和製ピート・ベスト〟のお話を。

「久保内成幸とロマネスクセブン」というグループはぼくの知る限りは10枚ほどもシングルを出した、ムードコーラスの中堅グループ。しかし残念ながらこれといった代表曲は残せず、こんな表現は失礼かもなのですが、70年代からあまた台頭してきた個性やビジュアルありきのグループの荒波に埋もれて消えてしまったグループです。しかし逆にいえば、あまりにも王道、ムードコーラス本来の端正な美しさに徹した職人ゆえに、「いい仕事してますねぇ」と地味にうなるような存在といいますか。そのリーダー久保内成幸さんこそ、ブレイク前夜のマヒナに籍を置き、その直前で惜しくも脱退してしまった幻のメンバーなのであります。

「ダンナちゃまは運がなかったと思うのよね……」こう述懐されたのは、未亡人であられる真理子さん。場所は名古屋市内のホテルにて、「久保内成幸を偲ぶ会」会場の片隅で時間をさいて、悲しみ冷めやらぬなかお話を聴かせてくださいました。ちなみにぼく自身は生前の久保内さんとはお会いしたことがありません。そもそもここにいること自体、まわりの出席者皆さまから「あの人、誰？」という視線をひしひしと感じての状態。それも当然、どなたとも一面識もなく、奥様とてこの日が初対面なのでありましたが、フラダンスの先生

一番上が久保内さん。4 番目の方はマヒナ日高先生の実弟であられます。

であられる奥様はその南国の色香漂う容姿さながらに遠方からくらげのように漂ってきた異物をこうしてご海容くださいました。

それにしても奥様は一見して、亡きご主人とはひと世代、或いはふた世代と違うであろうことが伺えます。

＊＊＊＊＊＊＊＊＊＊＊＊＊＊

私が結婚したのは83年だからそのロマネスクからはだいぶ後のことよね。だんなちゃまとは20才違うから父娘ほど離れてます。私は宝塚出身なんですが久保内は宝塚が大好きでね、そのお客さんとして名古屋に来て終演後に食事したのが馴れ初めです。もっとも私だけじゃなくて最初は大勢の女優さんを招待してくれてね。とにかくおおらかで心の広い人だったから。毎年ハワイに大勢引き連れて現地でショウをしてたんだけど、私はシンガーとして最初招かれて、やがてお付き合いするようになりました。

ロマネスクで私が知ってることといえばとにかく川内康範先生。主人は「セイコーちゃん」って可愛がられてて、あのバンドは康範先生の命令でつくったみたいなの。グループ終わったあとも手紙のやりとり欠かさなかったし、送ってもらった未発表の詞がどこかにだいぶ眠ってるはずだわ。それにしてもあなたがもう1週間早く連絡くれればだんなちゃまから直接いいお話も沢山聞けたかと思うんだけどねぇ……。

＊＊＊＊＊＊＊＊＊＊＊＊＊＊

そうなんです。実は年明けてまだお正月ムードも残るなか、ふとロマネスクセブンのリーダーの方が名古屋におられたはずとぽこんと思い出し、このフラダンス教室に辿り着き連絡した矢先の電話口で「久保内は先週亡くなりました」という悲報に遭遇。そしてこのお別れ会の通知を郵送で受け取っての名古屋一人旅だったのです。ご主人を「だんなちゃま」と称することからも関係性、愛の深さのほどがうかがえる、チャーミングな奥様のお話に引き込まれていたのですが実はここで、帰りの時間を完全に見誤ってしまい、修正きかぬ格安パックのチケットでカラータイマー鳴りっぱなしの状態、会の終焉を見届けられぬまま奥様が涙のフラを舞うなかでの退散……。

それでも去り際に促してくださった挨拶にて久保内さんの遺影のもとロマネスクの『新宿エトランゼ』をアカペラで歌うという、切羽つまっても図々しさは忘れないぼくなのでした。

そして帰京後、名古屋の会にも出席されていた唯一の元メンバー氏が鎌倉に在住されていることを奥様より電話で教えられ、今度は鎌倉へこれまたスイスイっと流れてきたのであります。以下、鈴木和彦さまのご自宅を訪ねてお話を伺いました。

久保内さんの遺影とともに。お隣りはバッキー白片さんのご子息で、4 兄弟全てバッキー承継者に。

鈴木さんは現在、スティールギターの講師もされています。習いたい。

＊＊＊＊＊＊＊＊＊＊＊＊＊＊＊＊＊＊＊＊＊＊＊＊

私はロマネスク結成から久保内さんに招かれましてね、学生バンドから。とにかくロマネスクは川内先生ありきのバンド。どういう経緯かは存じ上げないんだけど〝明日から歌謡コーラスやれ、名前はロマネスクセブン〟って川内先生からいきなり天命を受けたみたいなんですよ（笑）。

その代わりレコード会社からデビュー曲、発表会まで全て川内先生のセッティングが成されてて。新興の大映レコードだったんですが、ここで惜しかったのは『蒸発』。TVドラマの主題歌で、俳優の佐藤慶さんがジャケットに写ってるでしょ。因みに同じくドラマに出てた坪内ミキ子さんのご主人が大映レコードの幹部でね。その『蒸発』が知らぬ間にあちこち有線放送のリクエスト1位になってね、岡山行った時なんかレコード屋にロマネスクのコーナーが出来ててみんなでびっくりして。ただその時にはコロムビアに移籍すること決まっちゃってたからTVじゃもう『蒸発』唄えなくてね。あれは久保内さんも悔しがってました。ただコロムビア行けたこと自体は良かったんです。久保内さんはとにかく政治力もあってあちこちに知り合いがいたから、コロムビアもディレクターの伝で移籍できて、あの武道館で美空ひばりさんなんかとも同じ舞台に立ててましたしね。

新宿の風林会館にあったロータリークラブと地下の「ナイトローヤル」ってホストクラブも掛け持ちで専属で、だから『新宿エトランゼ』もそこそこ売れて第1回の「新宿音楽祭」のコーラス部門でも優勝できました。

久保内さんはあの裕次郎さんなんかとも交流があってね、おそらくバッキーさんとこにいた繋がりで。裕次郎さんはあんな大スターなのにすごく腰が低くて礼儀正しくて素晴らしいなと思いました。久保内さんは表面上ウクレレとファルセットだけど地声でも上手いしステージでは主にピアノ、それも独学で覚えたみたいで。司会も達者でロマネスクの前は労音なんかで司会だけの仕事もしてたし、とにかく頭がよくて実業家でも成功してたと思います。

3年くらい居て七星光ってソロでやってた彼（『アイ・ラブ・ビキニ』の人だ！……筆者註）がボーカルで入ったバンドの末期に私は辞めたんですが、会社員になってからも「弾いてくれ」って折々連絡もらってね、最後まで付き合わせて頂きました。普通リーダーがいるとメンバーは煙たかったりするんですが久保内さんは別格。いてくれたほうが場が締まるしみんな嬉しいんです。ほんと心が広くて太陽みたいな方でした。私の恩人です。

＊＊＊＊＊＊＊＊＊＊＊＊＊＊＊＊

う〜ん、聞けば聞くほど凄い人徳。鈴木さんもまた浮世離

佐藤慶大きすぎ。偶然にもロマネスクのリードボーカルは佐藤慶三さんという方。

れしたアンデス民族のようなご尊顔をされています。司会も玄人はだしとお話にありましたが、奥様によれば先代の円楽師匠や談志師匠とも仲が良くそのウィットに富んだ話芸は「今度の『笑点』でそれ使わしてもらうよ」と一流の噺家さんにまで波紋を広げたとか。

さて川内康範先生といえばマヒナとも縁が深く、レコード大賞となった『誰よりも君を愛す』のその作者でありますが、思うに早い段階からマヒナにはぱったり作品を提供していないことからも、マヒナには達成し得ないロマンを、久保内さんに託したのではないか。ゆえのロマネスク。想像がふくらみます。

「久保内さんが初期のマヒナを辞めた理由は存じませんが和田弘さんと仲は良かったみたいなんですよ。私はよくお前は真面目だなぁ、あの和田さんを見習えよ、あれくらい遊んだらスティールの音も艶っぽくなるから、なんて言われてね（笑）」

えー！　それはぼくも歌で和田さんご自身に同じことをよく言われていました（笑）。ちなみにこの日鈴木さんのお宅に伺う前は、和田弘さんが眠る場所、鎌倉霊園へとお花を手向けていたのですがそれはまた最終章にて。

その人はマヒナになれなかったのではなくロマネスクそのものであった。久保内さんの遺された、ムード歌謡よりも業《ごう》がろ過されたような馥郁《ふくいく》と漂う〝ロマン歌謡〟の魅力が、鈴木さんとお別れした雨のバス停、濡れた紫陽花にしっとりと輝いておりました。

棚橋静雄、ロス・インディオスを語る

棚橋静雄

＊＊＊＊＊＊＊＊＊＊＊＊＊＊＊＊＊＊＊＊＊＊＊＊＊＊＊＊＊

昭和13（1938）年東京都出身。青山学院大在学中からハワイアンバンドでの活動を始め、昭和37年、ロス・インディオスのリードボーカルとなる。

『コモエスタ赤坂』『知りすぎたのね』などのヒットを出したのち、昭和54年、女性ボーカル・シルヴィアとデュエットした『別れても好きな人』がミリオンセラーとなる。

ロス・インディオスはインディアン集団なのかと思っていました。またへんてこ幼少期ばなしからですみません。私生活ではワフー・マクダニエルがリングに上がる際に頭につけている羽根飾りをみんなしてまとっているのではないか……そういえばワフー・マクダニエルも「和風マクダニエル」みたいな美味しそうなレストランメニューを想起していました。

そんな翔んでパープリンなやわらか頭な頃から認識していたロス・インディオスはオンタイムで大ヒットを飛ばしていた現役も現役のグループ。思春期にムードコーラスに恋い焦がれてゆくぼくにとってもまだ前時代のお話です。

『別れても好きな人』は幼稚園児にさえいやがおうにも耳に入る大衆歌となっていました。そして「ふむ、よいな」と感じていました。遡及的に考えればこの下地があってマヒナにつながったのかもしれません。

画面でうっとり眺めていた初代女性ボーカル・シルヴィアさんから時は流れて現在の紅一点ニーナさんは何と9代目。マヒナ歴代コーラス員として煩悩の数108代目くらいなぼくの隣りで唄ってくださる機会をちらほら授かっているのですが、先にニーナさんを鎌倉の由緒あるスナックで人を介して知り初めて、そのご縁でぼくもめでたくロス・インの皆さまと繋がることが叶ったのです。

この日も某ホテルの「ラテン音楽の夕べ」たる楽屋。そう、下地にラテン音楽があるからでしょうか、皆さん本当に陽気で屈託なく、そして仲がいい。そこにはグループの顔として長年グループを支えてこられた棚橋静雄さんの〝静かな雄〟たる懐の深い豊かな人間性あってのことと悟るに時間はかかりませんでした。

山中マネージャー……この日は事務所のマネージャーが都合で来れなかったため山中さんが代わりに「歌手・タブレット純」のマネージャー役になっていただいたのですが、物販の席で今にも鼻ちょうちんをふくらましそうな居眠りこいていたのをぼくは見逃しませんでした。昼の部を終えそんなジャイアントベビーを連れ立ってロス・インさんの楽屋にコンコンとお邪魔いたします。

ロス・インディオスは「ゴールデン月世界」から

****

タブ　本日は、よろしくおねがいします。それでは、まず結成のころからうかがいたいのですが、（ジャケットを出し）この、ロス・インディオスのデビュー盤LPを手に入れまして……。

棚橋　ほぉ、すごいね。これが、「ゴールデン月世界」のロビーなんですよ。その時は、メンバーでロビーでやってたんです。ロビーの端に4人くらい立てるステージがあって。

昭和 37 年、デビュー盤の勇姿。左から 2 番目、ジョージ峰氏が抜けて棚橋さんが加入。

タブ　あ、これはロビーなんですね。まだ本ステージに出られない時はロビーで……。「ゴールデン月世界」というのはどこにあったんですか？

棚橋　えー、赤坂の、いまでいうとどのへんだろう。赤坂見附の、1本裏ですね。「ムゲン」があったんですよ。

タブ　あ、「赤坂ムゲン」も、この前、GSの取材ではよく出てきました。ムゲンはロス・インは出ていたんですか？

棚橋　ないですね。違う、遊びに行きました。どんなもんか、と。

タブ　へぇ。棚橋さんがムゲンに……。意外ですね(笑)。「ゴールデン赤坂」というのはご存知ですか？

棚橋　「ゴールデン赤坂」がそうだった。「月世界」に名前変わってね。

タブ　「ゴールデン赤坂」が「ゴールデン月世界」なんですね。これがロス・インのデビューのレコードになるんでしょうか？

棚橋　そうですね、私が入る前ですから。

タブ　そういえば、棚橋さんはうつってないですね。

棚橋　えぇ、昭和37年、私が1年たってから入ったから。ジョージ峰っていってね、ボーカルなんだけど、彼がやめたというので私が入った。

タブ　ジョージ峰っていう方は、初めてお聞きしました。その後は？

棚橋　ソロでやってたんじゃないかな。

タブ　あ、グループはちょっと離れて、あと、このお2人が『コモエスタ』のころにもいらっしゃる。チコ本間さんとお兄さんで……。この方は『コモエスタ』のころにもいらっしゃる。

棚橋　これ、パンチョ秋葉だね。

タブ　あ、秋葉さんて、この方なんだ。秋葉洋さん、『コモエスタ赤坂』などいろんな曲で編曲されていますね。秋葉さんは今もお元気なんですか？

棚橋　いいえ、もう49で亡くなった。

タブ　亡くなっちゃったんですか。早かったんですね。じゃ、一番先に、『コモエスタ』のときのメンバーでいうと、この黒縁メガネの方は？

棚橋　牧島（マキシマ）さんだね。キーボードやってた。で、ボーカルの真谷五郎がいて、あとはドラムスやってた吉川裕二。

タブ　一時期はこの6名になりますね。4人組でもしばらくやられていた？

棚橋　そうですね。本間兄弟、秋葉さんと、あと私。

タブ　強力な布陣ですね。入られたいきさつは？

棚橋　あのね、ハワイアン時代（松村秀雄とエリマ・エコーズ）に同じ事務所だったんですよ。

どこも夜中までやっていた

タブ　ラテンの前に、棚橋さんはルーツはハワイアンなんですね？

棚橋　えー、もともとハワイアン。当時、「コクア」、国際アートセンターっていう事務所があって、そこのマネージャーだったのが小澤なんですよ。

タブ　小澤音楽事務所の？

棚橋　ええ。で、小澤のかみさんは、国際アートセンターの松野社長の妹で、そこのアートセンターにいたのね。アートセンターの松野さんが社長で、兄妹でやってた。

タブ　アートセンターっていうのはどういう組織なんでしょうか？

棚橋　あのね。メインが小野満とスイングビーバーズで、ハコとしては上野の「新世紀」。ダンスホールです。原信夫とシャープス&フラッツや、スイングビーバーズが出てた。おもにタンゴバンドが多かったんです。「坂本政一とオルケスタ・ティピカポルテニア」とか。

タブ　国際アートセンターで、小澤さんがマネージャーでいたんですか？

棚橋　かみさんと、独立したんです。であの、六本木のマンションの2階にあったんです、小澤事務所が。私はよく

左から真谷、棚橋、秋葉、本間、牧島、吉川の各氏。キマってます。

泊まってたんです、そこに。

タブ　それで小澤事務所に入られたと。創成期からのメンバーだったんですね。出られていた場所は、他には？

棚橋　「ゴールデン赤坂」以外はね、今の麻布台に「狸穴」っていうクラブがあったんですよ。朝の4時までやってました。そこにハコで入ったんで、4人くらいでハコで。あれもユニフォームは着ないで、すぐに逃げられる格好で（笑）。そこの店で練習しました。アンプをもって、お客さんの席に座って見たり、練習しました。

タブ　何でユニフォーム着ないのか、逃げるためというのは？

棚橋　あの、そのときの法律で11時以降は演奏しちゃいけないんです。見張りもいたんですよ。「トロピカルラウンジ」でもそう。だから夜中の1時から始めるんですよね。

タブ　それは法律はいけないけど、それくらいになったら、お忍びでまた始めちゃうという。

棚橋　みんな銀座から流れてくるんですよ。女のコたちは。客はもう入り放題。オレたちは男ばかりから気に入られて、変だなってなって、そしたら警察だっていわれて（笑）。「そこで止めて止めて」っていわれたりして。

タブ　その「狸穴」はどこにあったんですか？

棚橋　「クレージーホース」とかのそば。「クレージーホース」は松尾さんの旦那がやってたんですよ、松尾和子さん。クラブが多かった。だからあのピザ屋があったじゃない、えーと……。

タブ　「キャンティ」ですか？

棚橋　そう、「キャンティ」。あそこしかなかったもんね、ネオンが。あと「ハンバーガーイン」とかね。外人さんがいっぱいいて。

タブ　「キャンティ」もよく行かれたんですか、遊びにとか？

棚橋　もうお客さんに連れられてね。
タブ　じゃ、その「狸穴」のクラブも明け方4時までやってた？
棚橋　ええ、やってましたよ。終わって浜松町まで歩いたりした。それが一番近いんだ。
タブ　浜松町まで行かないと駅がないんですね。
棚橋　東京タワーこえて、大門くぐって、まだ地下鉄なんてないから。だから路面電車が走ってた。歩きながら、なんだあのバカでっかい明るいのは、なんて（笑）。
タブ　へぇ、そんな時代ですか。じゃ、もう歩くしかないところにあったんですね。ホテル高輪の「トロピカルラウンジ」も4時ころまでやってたんですか？
棚橋　「トロピカルラウンジ」は3時までだね。だからいつもシータクを頼んでた。最後に私で、その前にみんなおくってさ。
タブ　あ、じゃあ、メンバーみんなおくって帰るんですね。「トロピカルラウンジ」って菅原洋一さんの『知りたくないの』のジャケットに、ロス・インがバックで菅原さんがっていう……。確かA面が『恋心』になってるのがありますね。
棚橋　だから「トロピカルラウンジ」も聖地だね。
タブ　鶴岡雅義さんから、掛け持ちで新宿から横浜に行くパターンが多かったとお聞きしたんですが、ロス・インは掛け持ちは？
棚橋　掛け持ちはやってましたね．「メリーダ」だな、新宿は。「メリーダ」は小田急のそば、のんべえ横丁で酒飲んで、あそこのそばですね。みんなでそこでメシ食ってんですよ。西口からカシワギカフェのほうに向かって信号の手前右側。１階が八百屋。
タブ　八百屋？　１階は八百屋で、「メリーダ」はクラブですか？
棚橋　クラブですね。クラブなのに、なぜか私たちが出てて、客があんまり入んない。小野満とかが出てて、みんなで見に来て、ワーッて。

『コモエスタ赤坂』はそんなにヒットしてない!?

タブ　ロス・インはそういう時代があって、昭和43年の『コモエスタ赤坂』で一気にパーッと？
棚橋　そんなにヒットしてないですよ、『コモエスタ』なんて。『知りすぎ』のがヒットしました。
タブ　チャートでみると、『コモエスタ』は75位で『知りすぎたのね』が4位までいってますね。
棚橋　だからベストテンなんかは『知りすぎ』でしょう。
タブ　『知りすぎたのね』の前に出た番組とかっていうのは、たくさんあると思うんですが、おぼえてるのは？
棚橋　そうですね。６も８も４も歌番組はね。

タブ　たとえば『ヤング720』なんて？

棚橋　あ、それは何度か出てる。

タブ　出てますか。何かリストに出てた気がして。ロス・インさんは売れたのがGS全盛とかぶっているので、ジャズ喫茶の番組表でも見かけます。たとえばラセーヌとか。

棚橋　ラセーヌ出ましたよ。淡谷のり子さんと一緒になるんですよ、面白かったですよ、あの人。

タブ　ACBとかは出てないですか？

棚橋　ACBもあるかな。バッキーさんなんかも出ましたよ。

タブ　あ、そうなんですか。ムードコーラスはポリドールだと中川浩夫とザ・アンヂェラスとか。中川さんとかハワイアンですよね。

棚橋　そうですね。確かオッパチさんのところにいましたから。

タブ　大橋節夫とハニー・アイランダースですね。三島敏夫さんのデビュー曲とかA面が三島さんで、B面が中川浩夫さんで、やっぱりみなさんハワイアンだったんですね。ロス・インに入ってからはハワイアンは？

棚橋　ロス・インになってからハワイアンはやらないです。でもハワイアンは、聴いてますね。

タブ　赤坂と高輪以外で、ここは原点だぞという場所は？

棚橋　新宿の小田急の上。あそこでよくやったよ。ピンキーとキラーズなんかもよく出てた。パラダイスキングも。小田急の上。回転するの、ビアガーデン。

タブ　当時は規模が凄いですね。「ゴールデン赤坂」なんてどのくらいの規模で？

棚橋　そりゃビッグバンドが入るくらい。ニュージャパンと同じくらい。もう野球場みたいな。新橋の「夜来香（イエライシャン）」も大きかった。4階建てのビルで、2〜4階がジャズ喫茶、1階は女性の接待が有るお店。ステージの奥がエスカレーターになっていて、1階から4階の各店のステージに移動できた。チェンジで上がったり下がったり。エスカレーターは自分たちで運転できるんだよな。そうすると、1階の女性のいるところばっかりずっといくんだよ。スイマセン（笑）。ガーッと。

タブ　女性っていうのは水商売の人が多かったようですね。その人たちがお客さんを連れてくるんですね。

棚橋　スポンサーですね。

タブ　だいたい赤坂とか高輪とかが多いんですね。それぞれロマンチカさんとかとはまた違うんですね。

敏いとうは学校の後輩

棚橋　フランチャイズがね。敏なんかは、横浜で、晩年のバンドホテルとか多かった。

タブ　出ました。敏いとうさん（笑）。敏さんは同じ大学の後輩だったという……。

棚橋　だから彼が学生服のときから知ってます。

タブ　敏さんはあの当時からかなり奇抜な方だったんですか？

棚橋　なんで音楽家になったのかわからない。楽器もぜんぜんひけないし。ハワイアンバンドで高見昌児とノベルティ・ハワイアンズっていうのがあって、それを高見がやめるからって、敏がそっくりもらったんです。

タブ　へー、じゃいきなりバンマスになって。音楽わかんないけど。

棚橋　わかんないけど、バンマス（笑）。ブルー・キャンドルのとき、こんなのやってますからって、敏がいってきた。

タブ　敏さんはその前にプレイズメンというバンドでミノルフォンからデビューしてるんですが。プロフィールによりますと、遠藤実さんの飼い犬を獣医だから診て、それがデビューにつながった、っていう話なんですけど（笑）。

棚橋　獣医の資格もってるからね。

タブ　でも、ぜんぶつながって面白いですね。あと、高輪の「トロピカルラウンジ」には、他にどういった方が出られていたんですか？

棚橋　そこは菅原洋一もでてたし、ペドロ&カプリシャスとかも。高橋真梨子も出てますよ、18くらいで。ポス宮崎なんかも、いつも出てた。ハワイアンバンドの。

タブ　あ、ポス宮崎さんとコニー・アイランダースですね。

棚橋　マウンテン・プレイボーイズなんかも。

タブ　あ、ジミー時田さん。カントリーも出ていたんですね。

棚橋　そうそう、尾崎紀世彦もね。

タブ　そこにそういえば尾崎さんもいたんですね。もとは寺内タケシさんもいたらしいですね。いかりや長介さんも。

棚橋　ワゴン・マスターズって、そこのリーダー、小山栄さんが連れて来たんだ。ボーカルは小坂一也、寺本圭一。

タブ　ロス・インは菅原洋一さんのバックみたいな感じで？

棚橋　そう、同じ事務所だから。やっぱり銀座の女の子がね。有線ですごいいい声の人がいるって。だから、ラジオ向きだからさ、それで菅原さんのバックバンドに入ったの。

タブ　小澤事務所が一番華やかだったころというのは？

棚橋　だからキングトーンズがいて、女性だと、あとから伊東ゆかりとか、浅川マキとかね。

タブ　え！　浅川マキもいたんですか。ぜんぜんイメージがちがう（笑）。小澤事務所にいたんですね。

日の出桟橋から建設中の東京タワーを見た！

タブ　話をムードコーラスに戻しますが、三條さんがいた山下洋治とムーディスターズとかも、ご存知ですか？

ダンディという言葉がぴったりの棚橋さん。こんな風に歳を重ねたい。

棚橋　はいはい。あの人はね、銀座の「おそめ」っていうナイトクラブに出てたんですよ。銀座でいうと「グラマー」っていうところにマヒナが出てたんですよ。「香港ハーバー」ってところはぼくらが出てた。博品館のビル、あそこが「ハリウッド」のビルだったんですよ。「ハリウッド」っていうと福富太郎さん。博品館はキャバレー王のビルだったんですね（笑）。

棚橋　ロス・プリモスでいうと、亡くなった大川さんとぼくは一緒にやってたんですよ。そのハワイアンの時代に。

タブ　ベースの大川さん。ロス・プリともつながってるんだ。すごいなぁ。

棚橋　だから、どこでも代役、いわゆるトラにいけるんですよ。

タブ　棚橋さんがドライ・ボーンズにいらした時のこともお話しいただけますか。

棚橋　えー、リーダーのジョージ山下さんはやっぱり学校の先輩。もとは逗子開成の水泳部だったんですよ。でも、バンドを始めて……。

タブ　音楽を棚橋さんがやるっていうのは、やっぱりジョージさんの影響で始められたと？　ジョージさんはもう亡くなられてるんですか？

棚橋　そうですね。一昨年かな。よくジョージさんのお店に行ってました。

タブ　ドライ・ボーンズはなかなかヒットが出なかったグ

ループですね？

棚橋　そうですね。でも、森君がいたんですよ、森聖二が。ぼくが大阪行けなかったから、大阪で見つけたのが森聖二。

タブ　これ、凄い話ですよね。ロス・プリとロス・インのニアミスというか（笑）。ジョージさんはある意味、運が悪かったのかな。棚橋さんがいた頃のドライ・ボーンズはどういった場所に出られてましたか？

棚橋　横須賀から出てきて興安丸っていう遊覧船に乗ってたんですよ。それが経営していた横井秀樹が安藤組に撃たれて、バンドも興安丸をクビになった。それでジョージさんとドライ・ボーンズが大阪にいくことになった。

タブ　他のバンドの皆さんは？

棚橋　ぼくは残ったんです。こっちのハワイアンバンドに。それで、ジョージさんは残ったバンドのスティールギターをさがして、そのときにオッパツさんの弟子みたいな人を見つけて、連れて来たんですよ。ジョージさんは自分のバンドを新たに作ってね。

タブ　ジョージさんという方はスティールをひかれる方なんですね。義理をはたして大阪に行かれた。棚橋さんはその時、おいくつだったんですか？

棚橋　大学在学中ですね。

タブ　あ、在学中ですか。だとすると昭和30年代前半とか。

棚橋　東京タワーが建つころです。田町からいつも見てますから。船は日の出桟橋から出てたんで。

タブ　日の出桟橋から船に乗って、東京タワーが建つのを見てたんだ。

棚橋　そうですね。最初はまだ建設中で、「何だ、あれ」って言って、ビックリしましたけど。まわりにはまだ、ビルも何もないようなころだから。

タブ　ロス・インはレコードで言うと、ビクターでデビュー期があって、そのあとキングでいうと『二人の渚』というレコードが出てますね。

棚橋　あれは裕次郎さんのリサイタルで唄わしてもらったんですよ。

タブ　そうか、ロス・インは裕次郎さんの全国ツアーも一緒に回られて……。

棚橋　鶴さんがそのころ、裕次郎さんに『二人の世界』書いててね。

タブ　ここでロマンチカにもつながるという……。もう棚橋さんのお話だけで1冊の本にしたいです（笑）。ありがとうございました。

＊＊＊＊＊＊＊＊＊＊＊＊＊＊＊＊＊

お家ではガウン姿でロッキンチェアに揺られていそうな絵が浮かぶ悠然とした語り口で、なんでも確かな記憶力のもと

的確にお答えくださる棚橋さん。古き良き東京地図が眼前に広がり、建て始めの東京タワーが煌々と田園地帯を照らしているさまを夢枕まで持ち帰ることができました。

インタビューを終えるや可愛いデコレーションケーキがお出まし。この日お誕生日だというニーナさんを祝ってのマネージャーさんのはからいで、ろうそくを吹き消すニーナさんの横顔からムードな大人のルージュが消え幸せそうな少女のほっぺがふくらみました。それを穏やかに眺める好好爺なメンバー皆さんの表情から白い歯がこぼれます。白い歯っていいな。パチパチパチ。

夜の部、「ラテンの夕べ」なのに「いやぁ『GS聖地純礼』なかなか売れませんねぇ」とお門違いなことを申している山中さんの鼻毛っ面にはしっかり生クリームがこびりついているのでした。

棚橋さんが断った代わりに加入したのが、何と後のロス・プリ森聖二さん！（左から２番目）

裕次郎さんの弟分・川地民夫さんと棚橋さんは幼馴染みたるご縁も。

大川光久、ロス・プリモスを語る

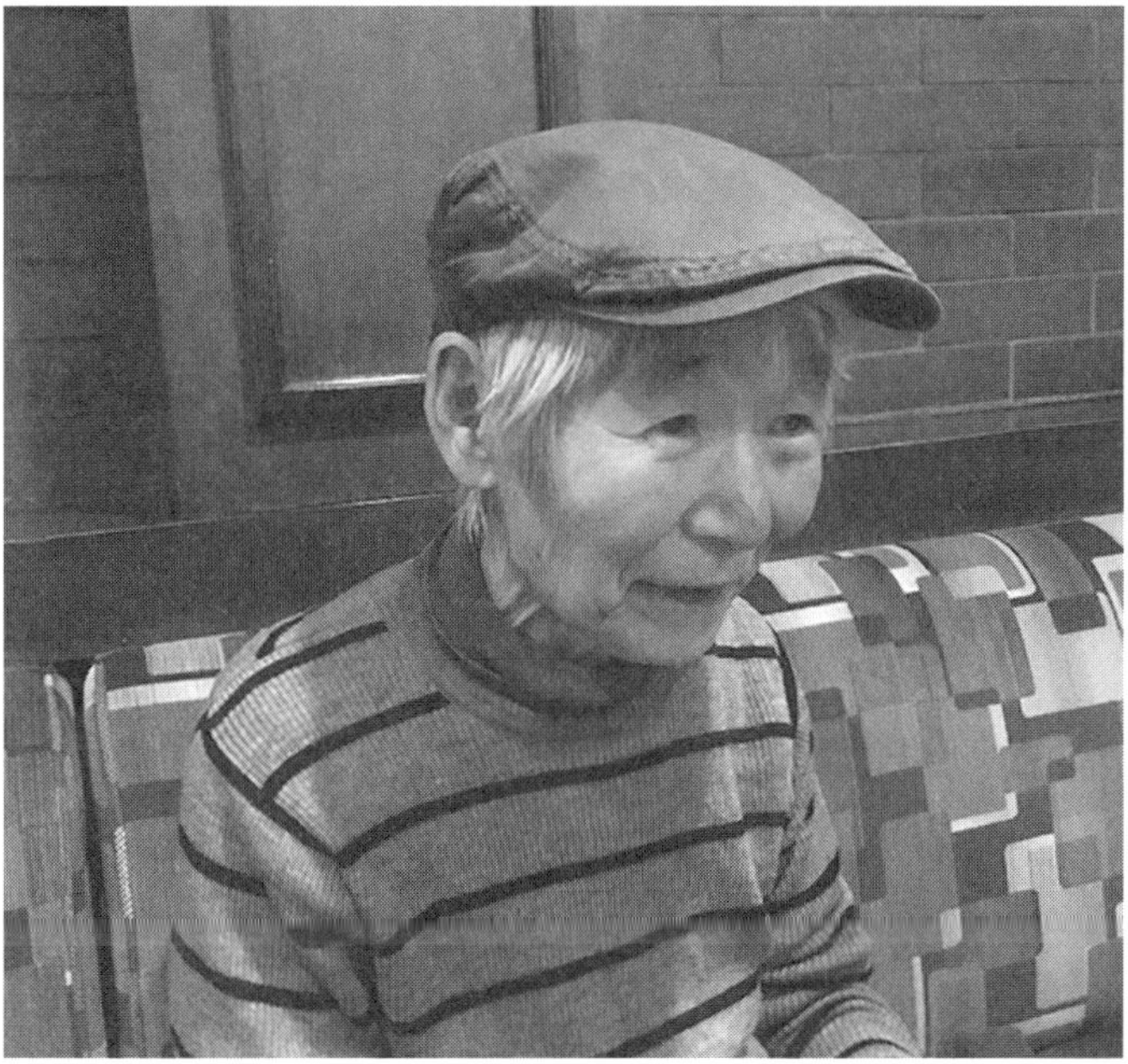

大川光久

＊＊＊＊＊＊＊＊＊＊＊＊＊＊＊＊＊＊＊＊＊＊＊＊＊＊＊＊

昭和11（1936）年三重県出身。高校卒業後、上京し、黒沢明、福田徳朗とラテンバンドを組んだのち、ロス・プリモスの結成に参加。脱退後の昭和42年、花菱エコーズを結成して『西海ブルース』などをリリース。作曲家に転身して、『遠くはなれて子守歌』（唄・白川奈美）『学校の先生』（唄・坂上二郎）などのヒット曲を生む。

ロス・プリモスといえば、一抹の罪悪感とともに「慶子」の文字が渦巻きます。染谷慶子さん。小学校6年の時のクラスメイト、染谷くんのお母さんのお名前なのですが、ぼくが『ラブユー東京』のレコードに針を落とすたびラベルにマジックペンで書かれた「慶子」はターンテーブルのダンスホールで哀しく舞い踊ります。学校の帰り道で「ハチ（ぼくのアダ名）がそんなに古い歌好きならお母さんが持ってるレコード見せてあげるよ」と染谷くんのお家に道草したその日から『百万円クイズハンター』の柳生博の一声に導かれるがごとく不条理に我が家のレコード箱へ移入して30余年の『ラブユー東京』。まだお返ししていないのです、ごめんなさい！　と罪の披瀝から始まりましたロス・プリ〝聖人巡礼〟、駅のホームで時に3、4本もの列車に追い越されるのを傍観するお人好しな西武新宿線各駅停車で西武柳沢駅へ向かいます。

今回お訪ねする方は、ひょっとしたらそんなのんびり山吹色なハートゆえにスターへの階段をみすみす逃してしまったかもしれない……といっては失礼なのですが、『ラブユー東京』の初回ジャケにはその姿が写っているものの天地がひっくり返ってのロス・プリ大爆発を巻き起こした時には「あれ？」といなくなってしまったお方。因みに〝天地がひっくり返って〟とは『ラブユー東京』はもともとB面でリリースされたものの評判となってA面に昇格したという経緯をふまえ。

初期メンバー、大川光久さんはロス・プリではB面のまま七色の虹が消えてしまったものの、その後に坂上二郎さんの名曲『学校の先生』の作曲者として永遠にその名が刻まれることになりました。両雄が同一人物であることは昨今の科学文明の成果、インターネットによって導かれハタマタ人脈を巡りめぐって大川さんの消息までも炙り出してくれたのです。

駅に到着し高架から古めかしい「宮殿」という純喫茶に見とれていると後ろから山中さんがのそっと現れました。挨拶もそぞろに「対談場所、あそこにしましょう」。

やばい、息が合ってきた。この街にマックがないことをすでにリサーチしての諦念か。因みに山中さんは晩年の坂上二郎さんに何度も取材し本まで出していたことも因果鉄道の成せる業でしょうか。期待を裏切らないナポリタンな店内にて、まもなく大川さんが宮殿の老執事のような雰囲気を称えて静かに現れました。

＊＊＊＊＊＊＊＊＊＊＊＊＊＊＊＊

スタートは銀座「モンセラーテ」

タブ　『ラブユー東京』は昭和41年の発売になりますね。この、初回ジャケットにのみ写っている端にいらっしゃる方が大川さんでしょうか？

大川　はい。私は端に。何も出来ないから、太鼓でちょっちょっ

初回盤。お金かかってなさそうな雑なレイアウトも良し。

とやってたんです。

タブ　やがてAB面がひっくり返って、そのあとのジャケットはメンバーの写真はなくなりましたね。

大川　そうですね。あの『涙とともに』っていうのもよかったんですけど、プロダクションの方針で、とにかくへんな話なんだけど、仕事やると、全部レコード買っちゃうんです。たとえばあるお店に出演してギャラが出ますよね。そうすると事務所がレコード買っちゃう。

タブ　事務所が買い取るんですか？

大川　いろんなレコード店に手配してね。それで、たとえばキャバレーでやりますよね。ホステスさんをステージに呼んで、最初のうちはなかなか上がってこなかったんですが、『ラブユー東京』好きだ、っていう人がいたら、一緒に唄ってレコードあげちゃう。最後はお客さんも巻き込んで店中大合唱。すると、アンコールということで又、どっと上がってくる。

タブ　へー。ほんとに。

大川　そうすると、ギャラないわけですよ。ギャラなしでやってるんですよ。いくらなんでもこれじゃ困りますって。でもレコード売るのって、ちょうどオリコンのハシリのころで、山梨放送とかもいってPRして、あちこちにおカネつかっちゃうわけです。私もね、結婚もしてたんで弱っちゃう、生活が。

タブ　大川さんは何年のお生まれですか？

大川　昭和11年、三重の出身です。バンドの世界では遅すぎたスタートです。

タブ　ロス・プリモスに入られた経緯は？

大川　へんな話だけど、銀座に「モンセラーテ」っていう、あんまり知られてないけど、いいクラブがあって、銀座通りの向こう側だったけど、「東京温泉」側でね。そこに牧秀夫さんて人がいたんですよ。牧秀夫とロス・フラミンゴスって島倉千代子さんのバックバンドもやってた方が。ソロピアノで歌がうまくてね。

タブ　島倉さんの、『クラブがはねたら』だったかな。一緒に写真も写ってますね。メンバーには三木たかしさんもいらして。

大川　いましたね。私は一緒じゃないけど。そこに黒沢明がバッキー白片さんのとこをやめて、参加してたんです。

タブ　黒沢さんもバッキーさんのところにいたんですか？

大川　ええ、そのあとロス・フラミンゴスにいて。でも牧さんは1人でもできちゃう人なんですよ。でもクラブ側はバンドにしてくれっていうんで、黒沢明さんが後ろでギターひいて、それでも寂しいんで、お前が太鼓たたいてろって。黒沢さんにギター習いつつ、太鼓叩いてました。

東京駅前「バンドマンの集合場所」

タブ　その前に黒沢さんに出会うキッカケは？

大川　バンドボーイですよ。あの、なんていうかね、そこまでさかのぼっちゃうと、渡辺晋の世界まで行っちゃう。ボーヤって職業があるんですよ。どこのバンド専属じゃなくて。坂本九さんもやってます。私も誘われたんですよ。

タブ　坂本九さんは初期ドリフのボーヤだったとか。大川さんもナベプロのボーヤに誘われたのですか？

大川　東京駅にね、バンドマンのたまり場があったんですよ。進駐軍時代ですよ。私が東京に出て来たのは昭和30年ですけど、高卒で出てきて、音楽やりたいから、コーラス部出身で。一応、会社づとめして。

タブ　お勤めだったのはどんな会社ですか？

大川　丸の内の商社につとめてましてね。で、毎日、東京駅通ってるわけだけど、夕方ね、丸の内口の中央郵便局の前に、駅に沿って有楽町に行く通りがあるんですよ。線路に沿ってね、それが全部高架になってて、そこにバンドマンが集まって来る。

タブ　え、屋外にですか？

大川　もちろん。今でも日雇いの労働者が集まって来るみたいにバンドマンが集まって来る。道端に集まるんですよ。「おい、ドラム1人」なんつってね、呼ばれてバンド組むんですよ。

タブ　そのままトラックの荷台に乗せられて？

大川　座間のキャンプとか、いろんなところに行って演奏するバンド組むんですよ。それが形になって、私たちがジャズ喫茶に行くようになるころには、いろんなバンドができてました。

タブ　へー、昭和30年ごろですか。すごい時代だなぁ。

大川　私がいつも丸の内で横で通ってるときもバンドマンが

みんな楽器持ってて。「おーい、ギター」とか呼んで、ハナ肇とかもいたんじゃないかな。そこでマネージャーとして売り出したのが渡辺晋さんでしょう。

タブ　ということはジャズマンがたむろしていた？

大川　商売としてのジャズですね。だいたいみんな、軍楽隊出身ですよ。ラッパふけるからって、メンバーもけっこういい加減に演奏してたんですよ。戦前なんてジャズなんて習ったら非国民でしょ。教えてくれる人もいなかったし。で、軍隊で音楽やってた人たちが外地から帰ってきてやってたから、テキトーなんです。それで、「はい、5人のバンド」なんていって、ドラムやベースまで揃ったら、もうバンドで回ってた。

タブ　腕前もわからないけど、とりあえず買われて行くという（笑）。

大川　まあ、そのうちにいいのは信用が付いてくるわけですよ。渡辺晋のバンドはいいよ、とか、ハナ肇のバンドは面白いよ、とか。

タブ　戦後、だいぶたってますが、そんな感じでやってたんですね。

大川　やってました。朝鮮戦争始まって、アメリカ兵の慰問なんかに気を使ってたんですよ。アメリカとしては、なにがなんでも兵隊は遊ばして、よろこばせないといけないって。朝鮮戦争は終わってたけど、朝鮮どうなるかわからないと。若いGIもいっぱいいたでしょ。それでバンドマンが必要で、市が立ってたわけですよ。そういう時代ですよ、私が見てきたのは。日雇い労働者がやってるのと同じ感じ。

「東京温泉」で夜明かしの青春

タブ　大川さんが音楽の世界にお入りになったのはそのころだったんですか？

大川　もっとあとです。銀座のキャバレーとか喫茶店のボーイやってたんですよ。

タブ　商社づとめしながらですか？

大川　商社はやめました。クビになっちゃった。音楽やりたいから。

タブ　音楽やるならボーイになろうと？

大川　何も知らないですからね。音のするところへ行こうって思ったんです。じゃそうなるとキャバレーだってなりまして。それで1年くらいやりましたよ。銀座で、ちょっと給料がいいと、また別の店に行っちゃったりしながら。ちょうど福富太郎さんなんかが誰におカネ貸したりとか、騒がれたころですね。

タブ　キャバレーハリウッドの。「キャバレー王」ですね。

大川　バンドがクラブやキャバレーに居つくようになったんです。そうすると、ピアノソロがトリオになり、カルテットから5人くらいまでになってく。あとはもうビッグバンド、オーケストラになっちゃう。しょっちゅう入れ替えがあるんですよ。それで私は事務所のボーヤで、あっちこっちで楽器運びとかしてたわけです。便利につかわれてた。

タブ　はじめはキャバレーのボーイだったのが、バンドボーイになったんですね。

大川　バンドボーイになって、それで牧秀夫さんと知り合いにもなり、黒沢明さんとも知り合ったんです。

タブ　銀座の「モンテラーテ」が出会いの場所だったんですね。

大川　そこに不思議ともう1人の「黒沢」がいて、黒沢ひろし。あとで「沢ひろしとTOKYO99」の沢ひろしになったの。で、牧さんがやったあと、またあと30分は沢ひろしがやるんです。それで入れ替えとかもあるでしょ。そのバンドから、牧さんは島倉千代子さんに付いて、大ステージを回るようになった。私は黒沢明さんと一緒にラテンバンド組んで、いろいろ名前変えて、ロス・プリモスになってから、売れたんですけどね。

タブ　へぇ、沢ひろしさんも。すごいなぁ。ちなみにロス・プリの前の名前はなんですか？

大川　何かボヘミオスとかね。あんまりさえない名前ですね。忘れちゃったですね。

タブ　黒沢明さんと大川さんと、あとどなたがいたんですか？

大川　福田徳朗って、私の友達です。

タブ　その方はロスプリに参加されてないんですか？

大川　参加してます。そのへんはグチャグチャになってんですよ。さっきの話みたいにギャラ稼いだらレコード買っちゃう時代ですから。

タブ　キッカケは「モンセラーテ」。奇跡のお店ですね。

大川　あとから考えたら、スターが3人出てますから。黒沢さんと沢ひろしと牧秀夫と。

タブ　場所の手掛かりは「東京温泉」ですね。ぼくもよく銭湯に行くんですが、銀座にそんな施設があったんですか？

大川　なんていうかな、今のスーパー銭湯みたいなもので、サウナっていったら、「東京温泉」だったんですよ。水商売連中は12時に終わって、掃除すると、電車に乗れないのが出てくるんですよ。そうすると、「東京温泉」で湯船につかって、サウナに入っていくわけですよ。朝になると山手線に乗って寝ながら2回りするとか。そういう生活してる人が多かったですね。だから、「東京温泉」は大にぎわいでしたよ。

『ラブユー東京』は山梨から火がついた

タブ　ロス・プリモスも最初は、ラテントリオみたいな感じだったんですね。

大川 そう。もともと牧さんがピアノ専門の人で、歌のとき、うまいんだけどピアノのそばから離れないんですよ。こっちはパンチョスとか、ラテンやりたいんだけど、1人座っちゃどうにもならないんで、5人ならいいけど3人じゃね。で、トリオ始めてからは黒沢さんと私と福田。

タブ 大川さんもギターをやられたんですか？

大川 やってはいますけどね。これがギター買ってやってもなかなかできない。

タブ するとリードボーカルはどなたになるんですか？

大川 ボーカルは福田くんが。私は何もできなかったから、友達の歌のうまい福田を連れて来て、黒沢さんと3人ならトリオ組めるだろうと、パンチョスのコピーやったりね。

タブ 福田さんは、その後の花菱エコーズにもいかれたそうですが、『ラブユー東京』で大川さんの横に写ってることの方ですか？

大川 うん、だから、例の話がまだ続いてるんだけど、おカネぜんぶつかっちゃうでしょ、事務所が。生活できないから何とかしてくれっていうと、逆にそこに入って来る人間もいるんですよ。300万円持ってきて、このバンドに入りたいってのが。

タブ 300万円払ってまで入りたくて、メンバーになった方が？

大川 いるんですよ。もう、おカネ持ってて入れてくれってって人と、カネくれって人じゃ、仕方ない。そのうち、うちのバンドは給料払えないから文句あるなら出てってくれっていわれた。

タブ じゃあ、『ラブユー東京』のあと、ごく初期で離れた？

大川 レコーディングはしたわけですよ。売れてくるまでしばらくあったから。

タブ 『ラブユー東京』は記念すべきオリコン1位獲得第1号ですが、オリコンのところとか回った経験は？

大川 ありますね。『ラブユー東京』で。それ1本です。あの最初『涙とともに』の裏面でやってたんだけど、山梨放送でリクエストが来たのが裏面で、これはひっくり返そうって、返した途端に売れ出したんです。だから、『涙とともに』で売れない期間がずっと続いたんです。

タブ 2年くらいたってから売れてますね。山梨放送で、後に推理作家になった内田康夫さんが山梨放送の放送作家をやっていて、作曲の中川先生と友達で、そんなプッシュもあって、山梨放送から火がついたって説があるんですが。

大川 マネージャーが山梨の人で、有名な百貨店の系譜だから、放送局やなんかに顔が利いたみたいですよ。

タブ ロス・プリは事務所の名前はなんだったんですか？大手ではなかった？

大川 大手どころか、マネージャー1人、タレント3人です

タブ　会社としては先行投資でレコードを買うという姿勢を貫いたんですね。

大川　もうムチャクチャなんです。とにかく売れればいい、タレントの田畑売ってでもカネつっこめと。当時はいわれてたんです。レコード業界ってのは、その類が多かった、バンドでカネ儲けた人は、全部使って、レコードあげちゃう。オリコンでランクあがって、楽しめばいいって。だからそこへ、カネ出してもバンド入りたいってのが来たんです。

ロス・プリ、下積みの日々

タブ　なるほど、もう次のシングルから2人変わってますね。ベースの大川公生さんは同じ大川さんでも別人なんですか?

大川　そう、大川が2人いるんです。僕の友達が唄ってたのを、森聖二って上手いのを捜してきて、この人にやってもらうと。ベースも必要だからって大川も来たんですよ。森さんを連れて来たのが、もう1人の大川。後ろにね、ドラムをやりながら私もいたけど。ビクターの宣伝の人がかなり絡んでましたね。みんな、どうしてもビクターでやりたかった。でも当時のビクターは目白押しでね。マヒナからフランク永井、三浦浩一から三田明、橋幸夫、あのへんがひしめいてるから、なかなかデビューできないんですよ。

タブ　ビクターでロス・プリで企画もののLPを出しているときは、いらっしゃいましたか?

大川　いました。

タブ　歌声喫茶の歌を集めたレコード。あれ持ってるんですけど。昭和37年だったかな。

大川　へー。めずらしいですね。でも、オリジナル曲ないんですよ。

タブ　あのときのメンバーは?

大川　3人です。トリオ。これじゃ弱いってんで人が増えてったんです。

タブ　そのころはトリオ・ロス・パンチョスのコピーとかで?

大川　最初はね。レコードの売り方としてはラテンなんてしょうがない、歌謡曲じゃなきゃだめだ、ってなってた。

タブ　歌声喫茶のアルバムはどこから話が来たんですか?

大川　あれはビクターのほうから。企画もので一応、流行歌とかじゃなしに、学校放送とか文化面の企画をレコード会社としてやるわけですよ。

タブ　ソノシートとか、そういうバンドは名もないバンドがおおいですね。

大川　そこでやっと、レコード出してもらえるんですよ。でもね、「モンセラーテ」はバンドで入ってたの、ほんの一時期ですよ。そんときに牧さん、黒沢明、沢ひろしと3人いたんです。それもね、3カ月かそこいらですよ。3カ月は長い方。バンドの差し替えなんてすぐですから。

タブ　その短い間にのちのスゴい方がいたっていう。昭和37年に歌声喫茶のアルバム出されたのは、あちこちのキャバレー回りしながら？

大川　そう。巡りながら。あっちこっち、もう全国。当時の事務所が斡旋してね。

タブ　あとの森さん達は、まだいなかったんですか？

大川　まだいなかったですね。やってもやっても日の目みなくて。要するにボーカルにしても、コーラスにしても、弱いわけですよ。マヒナなんかすごいですよね。あのコーラスの強さったらね。すごいなと思いましたよ、ワーッと出だしで雰囲気が出来ちゃうわけですよ。

タブ　マヒナはどこでお聴きになったんですか？

大川　いや、ステージの向こう側で。ビクターでしょ。一応、私たちも所属は。ビクターでちょこちょこ出してもらえたんですよ、ヒット曲なくても。オリジナルのない、賑やかしで出ているようなもんです。でも、マヒナがコーラスすると、何ともいえないいいムードが出て、そこへソロが出ていく訳ですよ。松平さんとか三原さと志さんとか。

タブ　あ、ビクターで企画ものをまた何枚か出されているんですね。マヒナはカッコよかったですか？

大川　カッコいいな、と思いましたね。あそこの実力はずば抜けてました。ラテンコーラスなんてだめですよ。鶴岡雅義さんだって、鶴岡さんのギターとソロですよ。コーラスなんていらないもん。

タブ　鶴岡さんもトリオでカバジェロスってやってましたね。そのころロス・プリはビクターの専属になっていたということではなく？

大川　ビクターでもビクター芸能の所属だから、ちょっと違う。みんなビクター芸能に所属してレコードはビクターから出すんです。当時はね、ビクターから出すと、ビクター芸能に所属してステージ周りは全部そっちがやるわけです。

売れだした途端にクビ宣告

タブ　小さい事務所よりもビクター芸能の方が仕事はあったんですか？

大川　あったってなにも、ビクター芸能の仕事はほとんどしてないから。普段は別の事務所にいて、ほんのたまにビクター芸能から呼ばれるだけ。

タブ　その頃、同じビクターにロス・インディオスもいて、レコード番号もひとつ違いのラテンの企画ものを出しているんですけど、そのへんはつながりはあるんですか？

大川　結局はハワイアンつながりかな。黒沢明とロス・インディオスも。

タブ　え？　ラテンじゃないんですか。

大川　ハワイアンですよ。だからラテンもやるわけだ。でも音楽のもとはみんなバッキー白片さんですもん。

タブ　ロス・インの棚橋さんもルーツはハワイアンとよくお会いするんですが、棚橋さんもルーツはハワイアンとおっしゃってました。大川さんもハワイアンを勉強されたんですか？

大川　私は田舎から出てきてポッと入っただけだから、教育受けてないんですよ。

タブ　ラテンはブームになったから流れたというか、トリオ・ロス・パンチョスみたいになりたくて入ったわけではないんですか？　他の方はハワイアンから始めた方が多かったと。

大川　ルーツはね。それで音楽がしっかりしてるんですよ。黒沢明さんと、あとぜんぶハワイアンでした。ハワイアンがあまりに多くて淘汰されて、ロカビリーがハヤってきて、ハワイアンがだめになっちゃって、マヒナだけが残ったんです。結局、ステージに出たって、ハワイアンとロカビリーじゃパワーが違いますよ。ロカビリーと、そのあとビートルズの時代になっちゃった。

タブ　『ラブユー東京』が売れて来たというのは、大川さんのいた時代にももう感じてらしたんですか？

大川　売れて来てましたね。でもそん時は、お前はここまでおしまい、ってなった。お前はここでやめろ、っていうときまでにスゴい勢いで売れてくるわけですよ。あれーっと思ったら、30万くらい売れたところで私はあえなくクビですよ。

花菱エコーズから藤圭子初代マネージャーに

タブ　じゃ、本人としては、売れて来たのにいなかったのは……。

大川　それは残念ではありますね。まー、いろいろあるから、ま、いいや、またやるわってつもりで花菱エコーズをね。

タブ　花菱エコーズのデビューのいきさつは、林家三平師匠が関わっているんですよね？

大川　作詞作曲家の石坂まさをっていうのが曲のプロデュースやって、三平さんが売れてるから食い込んでたわけですよ。弟子の藤圭子連れてったり。それでバンド名つけてもらおうとなって、花菱が林家の家紋だからいいって、おかみさんの一押しで花菱エコーズ誕生です。

タブ　デビュー前のジャケットには三平師匠の推薦文と、作詞までされていますね。

大川　その石坂まさをってのはすごいんでね。花菱エコーズで2、3枚レコード出したけど、売れなくて、それで石坂まさをは助手がほしいわけですよ。それでOK出して、

いかにも観光協会ありきなジャケットですね。

ぼくは藤圭子のマネージャーになったわけです。でも、超ワンマンなタイプで、話しても話通じない人で、全部あんたの言うことを聞いてぜんぶ受け入れる。オレは考えない。手足になるよと。

タブ　あの藤圭子さんの初代マネージャーになられたんですね。生活は一変して……。

大川　すると、新宿24時間キャンペーンとか、とんでもない企画をだしてくる。24時間、この店とこの店とうた唄って。24時間のスケジュールを立てて、前の日に根回しして、何時何分に行きますっていって、そこへビクターの宣伝部も大挙してきますよ。もうこっちがおぜん立てしてんだから。みんな法被着て、こっちはあいさつ回りで寝る暇もない。もうおかしくなってきちゃった。

タブ　藤圭子さんのマネージャーをやめた原因は？

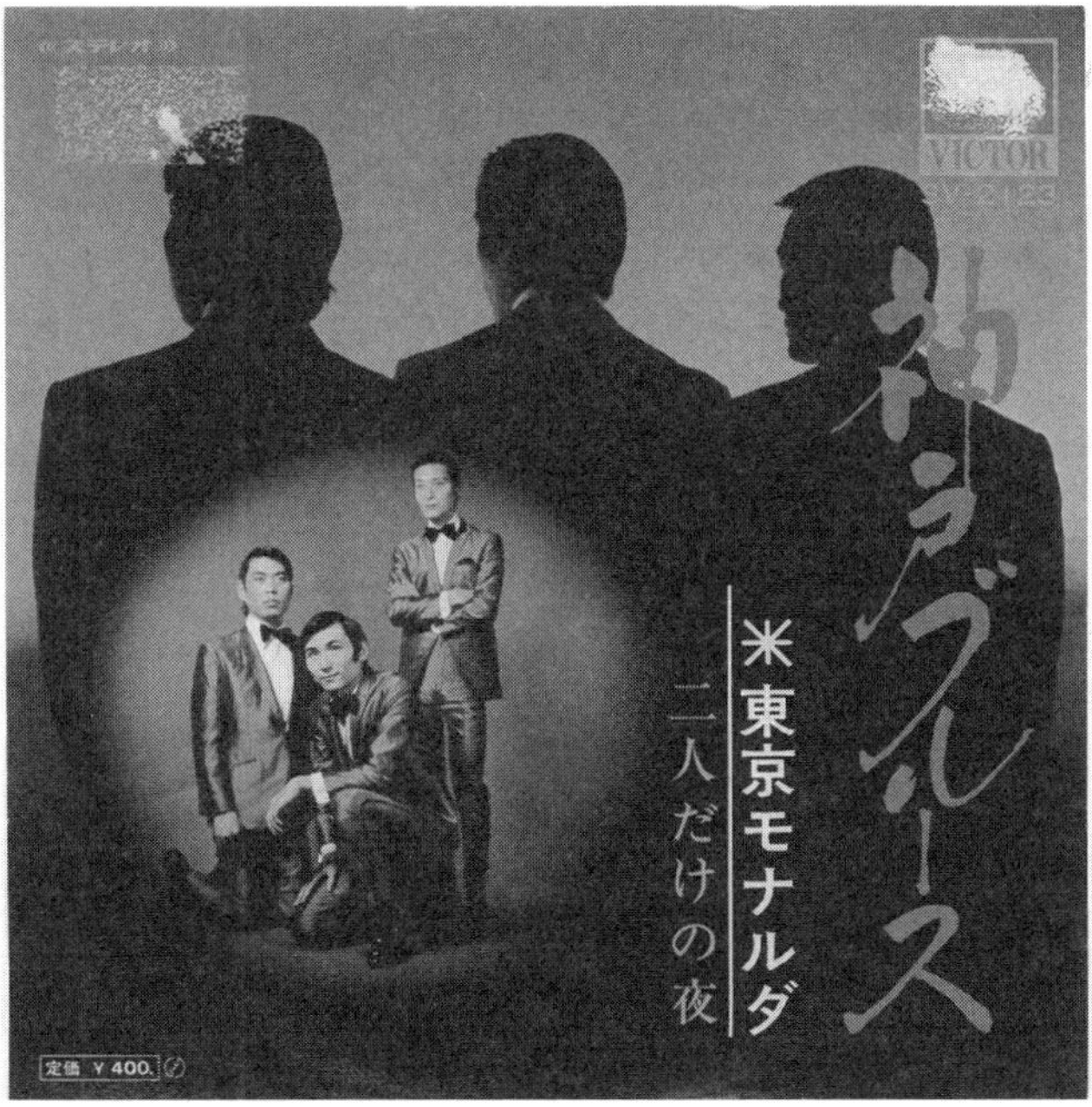

『西海ブルース』は神戸に舞台を変え、しつこくリメイク。ここでもコケる。

大川　スケジュールも私が持ってることになってて、実際は石坂まさをがやってるんです。で、自分の弟子がいっぱいいるから、デビューさせようとするけど、私が推薦するとダメなんです。私がいって、デビューできなかったやつがいっぱいいる。で、自分でとんでもないやつを連れてきちゃって、しまいにはわけわからないやつをデビューさせたりする。それでおさらばしました。

タブ　何年くらい藤圭子さんやられてたんですか？

大川　2年くらいですね。売り出しから、売り出しが終わるまで。

クール・ファイブに参加していたかも!?

タブ　なるほど。話は戻りますが、花菱エコーズは、のちにクール・ファイブでヒットした『西海ブルース』を2枚目に出されていますね？

大川　だからロス・プリをクビになって、またバンドやろうかってなってたとき、内山田さんがちょうど長崎から来たんですよ。でもその前にね、内山田さんが大川さんと福田さんがクビになったから、ちょうどいい、ムード歌謡を組みたいからやりませんか、と。それで佐世保の野球部のボーヤ（前川清さん）を連れて来て、それでうしろでワワワーッとやればバンドできちゃう。僕と福田くんだとムードコーラスのうしろでワーッとやるのを知ってるから来てくれ、と。で、若きゃ行きますよ。長崎だろうがどこだろうが。でも結婚して子供出来ちゃってて。

タブ　へぇー、ここでクール・ファイブにもつながるんですね。それは内山田さんが長崎にいるころ？

大川　いるころ。だから長崎に来て、クール・ファイブの中に入ってやってくれ、と。

タブ　その前から内山田さんとは知り合いだったんですか？

大川　全国まわってたから。ロス・プリで回ってると、ラテンのフレーズどうなんですか、とか、向こうもムチャクチャうまいんですけど、ラテンなんかはまたムードが違うでしょ。それで当時はね。ラテンの本場のバンドがいっぱい来たんですよ。例のアイ・ジョージとかも活躍していた時代だから。田舎のキャバレーで見てる分には、どこがどうなってるのはわからないから、何でこうなのか教えてくれって。でも黒沢さんはあの人、あんまり照れ屋な人だけど、人に聞かれたら、こうなってますよ、って教えたりしてね。

タブ　その伏線もあって『西海ブルース』を花菱エコーズが唄ったんですか？　『西海ブルース』はもともとクール・ファイブのデビュー作予定で、地元の流しの方が作ったんですよね。

大川　そうですね。地元に密着した曲を作ろうというので。

タブ　しかしクール・ファイブが唄わずに花菱エコーズに。作者の方が直前で翻意したとか。

大川　そうですね。内山田さんも悔しかったみたいですよ。またあとでレコーディングしたんですから。

タブ　『西海ブルース』って東京モナルダってグループも、その後、ちょっとあとに『神戸ブルース』と改題してリリースしてます。

大川　『西海ブルース』は、実は、西の海では作詞家はイメージがわかなかったみたいなんですよ。やはり再会だろうと。でも、地元の連中がそれだとダメっていうんです。作詞家が作ったイメージじゃなくて、これは西海っていう西海国立公園の歌だって、抵抗するわけです。意地の張り合いで結局売れなかったですね。

タブ　佐世保市観光協会推薦とか書いてあったから、それありき、だったんですね。その後の花菱エコーズの活動は？

大川　私もね、ここも結局、解散前にクビになっちゃった。ケンカするんですよ、バンドマンてのは。もう普通のグループ見てもわかるけど、だめだとなると引かない。私も、お前はあまりに逆らうからダメだ、ってクビになっちゃった。それで藤圭子の事務所にころがりこんで、あとは自分1人で作曲とかね。それから弾き語りが当時はやってて、弾き語りやろうか、と。いろいろめんどくさいから。

『学校の先生』と『遠く離れて子守歌』

タブ　弾き語りはどの辺でなされてたんですか？

大川　東京中どこでも。もう毎回変わりますよ。キャバレー、スナックからなにからね。ダンスホールとか。

タブ　そのときは石坂まさをさんとも関係なくなっていたんでしょうか？

大川　切ってる。私もすぐカッとなるほうなんですよね。気が短くて、負けるけどケンカをしちゃう。よくよく考えると、自分はなにもできないぞと。弾き語りなんかもよくやったと思うくらいでね。でも評判はよかったんです。

タブ　大川さんは作曲家として『学校の先生』をヒットさせていますが、その後は作曲家の道を歩まれた？

大川　作詞作曲で唄いながらやってたんですけど、レコーディング行くと、出演する店休んでくわけですよ。すると、休んだ分、自分がエキストラ頼んでやっといてくれ、となるんです。店入るでしょ、穴あけるわけにはいかないから、それやっちゃうとね。持ち出しになっちゃうんですよ。レコーディングするたびにもちだし、これじゃねぇ、ヒットが出ない限り、流行歌の作曲って駄目ですね。

タブ　坂上二郎さんの歌ってどういうご縁で書かれたんで

大川　しょうか？

大川　それは藤圭子の縁で、その兄貴の藤三郎っていうのがいまして。ソニーでデビューしたわけですよ。そのディレクターってのが土屋さんていう人で、坂上さんでなんかやりたいから大川さん、曲書いてくれって言われて、いいよ、って書いたんです。突然大ヒットしちゃったからね。そのあとも何とか食いつないでいるようなもんですよ。

タブ　でも『学校の先生』は売れたから、けっこう、印税が入りませんでしたか？

大川　印税はね。ウヤムヤになっちゃったんです。どうもあれも売るためにレコード買うような人もいたから。後ろにいっぱいいるんですよ。

タブ　なるほど。『ラブユー東京』もそうですが、そういう売り方があったんですね。坂上二郎さんとその後の交流は？

大川　たまにね、たまにカラオケ行きましょうかとか、仕事でも夜中やってきて、遊びにきてくれたり、ありがたいことですね。

タブ　白川奈美さんの『遠く離れて子守歌』もけっこう売れたんですね。

大川　それは東京12チャンネルがありまして、当時ルーズだったんですね。夜中、5分あまったり3分あまったりしてて、しょうもない音楽かけたりしてるうちに、銀座のホステスさんが部屋に帰ってきて、娘だか息子だかとにかく実家に預けている子どもがいて、それを思って泣くというストーリーを工藤忠義っていうディレクターが考えたわけです。その人がちょっとしたネタから話を作るのがうまいんです。みんなで泣いてるって、大川さん書けっていうから書いたらね。あの人が持ってきた詞が9行あったんです。9行で演歌になりますか、っていってね。一応、作詞家がもってきたのをここを削れとはいえません。こっちもレコードなんて出したことないあれで。一応、作ったら、自分で工藤さん、スポスポ斬りましたね。最初の「ねんねんぼうや」の前に5行くらいあるんですよ。

タブ　そんなふうにして作られたんですね。捨てちゃって……。

大川　捨てちゃって、半分以上工藤さんが作ったけど。メロティーは私が作ったけど、構成は工藤さん。

タブ　作家としてこちらが先になるんですね。

大川　そうですね。これやったから『学校の先生』がきたんです。あとは当たったことも何もないけど、最後は二葉百合子の『日本列島おまつり音頭』。二葉さんの引退のちょっと前ですが、よかったです。

藤圭子さん初代マネージャーとして殺人的スケジュールも経験。「彼女と話すヒマなんてなかった。近くにいるのに宇宙人みたいでした」

リーダーの葬儀には出席

タブ　大川さんのプレイヤーとしての思い出の聖地は「モンセラーテ」になりますか？

大川　今から考えると、銀座中まわってましたから。新宿でもね、もう3日くらいでやめちゃうような仕事ですから。やっぱり私としては抜け殻になっちゃってますから。やっぱり「モンセラーテ」ですね。黒沢明と知り合って、何かやらかそうと、友達連れて来て、こいつ歌うまいからと。

タブ　福田さんですね。お友達だったという福田さんとは何で知り合ったんですか？

大川　コーラス部。地元の三重の木本高校のコーラス部。

タブ　福田さんはお元気なんですか？

大川　いや、もう亡くなりました。

タブ　そうなんですね。花菱エコーズでいうと品川寿男という方、石坂まさをさんの自伝にも出てくるんですが、作曲家の上條たけしさんの門下生で、一緒に習っていた藤圭子さんを石坂さんのもとに連れて来た人物です。

大川　よくわからないけどNHK出てたの、いつか見ましたねぇ。

タブ　ロス・プリのメンバーのかたとはご交流は？

大川　うん、まず黒沢さんがなくなった話をきいたくらい。

葬式には出たけど、それくらいのものですね。

タブ　森さんとはどうだったんですか。一緒のときもあったんですよね？

大川　森さんはオレの事、軽蔑しててね、何もできないから。あいつはミュージシャンじゃないと。ミュージシャンのうちに入れてもらってなかったです（笑）。

タブ　森さんはフルートまで吹きますからね。

大川　あの人は、お兄さんが指揮者ですから。森正という人。由緒正しい音楽一家ですよね。それでお姉さんが森ヨシコっていうジャズシンガーですよ。

タブ　あ、森ヨシコとそのグループって経歴にありますが、お姉さんのバンドにいたんですね。森さんとは会話することもあまりなかった？

大川　向こうは認めてないわけですよ。だけど仲間だから付き合ってますけどね。人間的には気さくないい男だけどね。

タブ　（ジャケットで）この写真も大川さん、控えめにされてる感じにみえますね。

大川　事務所側は、お前らちょっとどいてろと。売れたら7人のバンドにするから戻すよって。でもいったんクビになったバンドに簡単に戻れるわけないですよね。音楽好きでやってただけでいたわけですし。それで何でもできることをやってくしかなかったんで。そんなんで許された時代だったんですね。

やはり思い出深い『西海ブルース』

タブ　花菱エコーズはどんなところに出ていたんですか？

大川　キャバレーです。まあたまにテレビも三平師匠の顔で出たりしてました。

タブ　三平師匠はずっと応援してくれたんですか？

大川　応援してくれました。落語家ですからね。放送局を紹介してくれましたが、全部自分たちで回りましたけどね。

タブ　一番良く出てたところはどんなお店だったんでしょうか？

大川　あのね、バンドにしてもダンスバンドとショーバンドがあるんですよ。ダンスバンドはちゃんとダンスするファンがいる。大きなバンドとかハワイアンとか。ショーバンドはハナ肇とか、見せるだけ、踊ったりはなし。その日やっちゃえばおしまいなんですよ。だから、次の日は別のところにいかなくちゃいけない。1回、北海道にわたると、交通費いくらでそれを消化するためには、30日は回らなきゃならないと。計算していってこれだけのギャラのでるハコはアソコとアソコ、って決まっていくわけですよ。で北海道は何か所、青森は何か所とかずっときながら東京に来ると、あくる日から四国に行け、なんて言われたりする。

タブ　そういうときって泊まる場所は、どうされるんですか？

大川　旅館泊まったり、寝台車もあったかな。長崎にいくのに特急・さくらとかもありました。こないだ、なくなっちゃったもんね。それで長崎は内山田さんが出てるキャバレー、「銀馬車」だったかな、に行ったり。

タブ　長崎は、やっぱり「銀馬車」にも出られたりするんですね。

大川　そこでしか呼ばれないですね。5人なり3人なりのバンドで、3日置いてくれる店なんてめったにないですよ。あと、月世界チェーンてありましたね。九州は。あの、王さんか張さんていう中国人のオーナーでグランドキャバレーのチェーンがあって、小倉とか博多とか熊本、鹿児島とか大きな街に。1000人単位で入れるような。丸いステージがあって、大したもんだった。

タブ　そういうところにも出演されていたんですね。他には？

大川　大阪もかなり行きましたが、語り尽せないですね。やっぱり銀座はボーイやったりした思い出です。それよりバンドマンのピックアップの東京駅。あれ忘れられない。今いっても駅前の通りだけですが。

タブ　そこが大川さんのルーツであり、聖地なんですね。いいお話です。最後に、花菱エコーズで、これは好きって歌はありますか？

大川　『西海ブルース』かな。メロディーとしては。私、あれは編曲もしてましたから。

タブ　編曲されてたんですね。いろいろ胸に聴き直してみます。今日はいろいろどうもありがとうございました。

＊＊＊＊＊＊＊＊＊＊＊＊＊＊＊＊＊

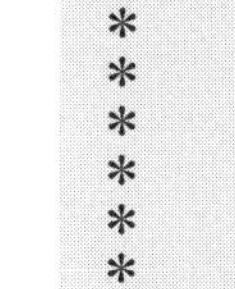

山中さんは「脚光を浴び損なって裏方に徹した人の話ほど面白いんです」と言って憚らない（自らも体現した）裏方ジャーナリストなのですが、なるほど、いつもより鼻毛のそよぎにも躍動感があります。「そんな古い話、弱ったなぁ」といった色を浮かべながらも誠実に頭の中のネジをけなげに巻き戻してくださる大川さん。なかでも仕事を求める日雇いミュージシャンたちが選別されてトラックの荷台にさらわれてゆく泪橋な情景は圧巻なのでした。

先の『ラブユー東京』のジャケットの中でちょっと困ったような顔で伏し目がちに苦笑いしている男性こそ大川さんなのですが、こんなふうにロス・プリ、藤圭子さん、坂上二郎さんの羽ばたきを静かに見送ってきた大川さんの作られたもう1つの代表作は野々卓也名義での『遠く離れて子守唄』。

東京都下の小さな喫茶店。その片隅でやはり伏し目がちに珈琲を啜る大川さんの存在そのものが1つの音楽となって、戸外からの優しい日差しが去りゆく丸い背中を照らしていました。

●コラム

◆東京聖地巡礼③

～漆黒の銀座篇

銀座はいつ訪れても、服部時計店の格調高き建物をアクセントに芳醇な薫りを醸してくれます。銀座の夜景の写真を下敷ファイルに入れて登校していたのは中学1年の時でした。隣りの席の女子Nさんによってぼくが「夜の大仏の写真を持ち歩いてる」とクラスに流布され気味悪がられていたのを覚えているからです。〝大仏〟というのはファンだった相撲取りの麒麟児関であり、それと一緒に百科事典から切り取って挟んでいた〝ネオンサイン〟の項の銀座の夜景が混同され〝夜の大仏写真〟となってしまったと思われるのですが、麒麟児のひたむきなツッパリの果ての黒星くらいに、銀座の夜景は12才の心に漆黒の花を咲かせていました。

銀座といえば今日はあえて回らないけれど、生マヒナを初めて見た博品館劇場も自分にとって大聖地。あれから30余年、その博品館で元マヒナの肩書きを引っ提げソロコンサートができたことを想うと、自分もちょっぴり銀座紳士録な風に吹かれます。

「えっと銀座の聖地は、「モンテローザ」になりますよね」

「山中さん、それは居酒屋チェーン店組織かと。「モンセラーテ」だったかと思います！」

銀座の民たる気分から一気に「魚民」にしてくれる山中さんなのでした。元ロス・プリモスの黎明期メンバー、大川さんによってロス・プリ発祥の地として、はたまた数々の奇跡が明かされた「モンセラーテ」。ちいさなお店だったということで山中リサーチからも全く痕跡を見つけることができず、手掛かりは「東京温泉」のそば、ということのみ。

「「東京温泉」のあった場所はすぐわかったんですよ。そこへとりあえず行ってみましょう」

ちいさなお店ゆえに沸き立つロマンを、「東京温泉」の幻想にくゆらすしかありません。山中さんに案内されたそこは、「ヒューリック銀座ウォークビル」という、最近都内でよく見る感じの南国アロマテラピー風な建物。ここに温泉施設があったと云われれば全体として何となく伝わってきますが、裏歴史として〝元祖トルコ〟とも称されたという中近東な危うさが感じられません。健康ランド的にいえばラドンな感じがしないというか。

は？　そう、ぼくは昭和なサウナ施設の渡り鳥でもありまして、こんな銀座の一等地に怪しい愉悦空間が鎮座していたことを想像し、在りし日のピンクムード音頭を心に打ち鳴らします。最盛期には「はとバス」でも案内されたとか、良くも悪くも東京の濃縮果汁が歪に渦巻いていたのでしょう。そこへ身を横たえる夜明けのバンドマンたち……。

南米コロンビアには「モンセラーテの丘」という夜景の絶景スポットがあるそうですが、新進のラテン音楽を志す若きセラーテ（〝尖った者〟の意）たちは日々険しい道のりを精進しながら、その丘のふもとにあるという泉に夢を映していたのでしょうか。後ろ向きにコインを投じて泉の上のちいさな輪の中を伝って波紋を広げたものだけに夢が叶うという「願いの泉」。そんなメルヘンの輪っかたる銀座のモンセラーテ跡地はやはり特定できませんでしたが、遠いラテンの風に想いを馳せつつ今宵は北風に耐えきれず解散。沼袋の銭湯で垢を落として次回赤坂～新宿巡礼に備えることとなりました。

因みに先日同窓会で会ったNさんはすっかり優しい母の顔をしたふくよかな女大仏のようでした。

「東京温泉」跡。椰子にのみ何となく昭和愉悦感が。

“GINZA UNDER GROUND” の文字に継承感が。

◆東京聖地巡礼④

～流麗の赤坂篇

力道山が刺されてしまったり、巨大なホテルが燃えてしまったりと、黒ずんだ赤の歴史もふまえつつ、やはり根底にはセニョールセニョリータな太陽としての赤が煮えたぎる街、赤坂。夜の巷を歩く人達にも銀座とはまた違うアミーゴ感がひしめいてみえます。それにしても春先の寒の戻りか、今宵も痛烈に寒い。さすがの山中皮下脂肪も悲鳴をあげてそう。しかし、これまで幾多のポンコツナビを繰り広げてきた我々もここばかりは楽勝です。歩き出すやまもなくして目的地である「月世界ビル」の文字が飛び込んできました。

♪千里万里は昔のことよ～とばかりにローヤルレコードの歌姫、椿まみの無重力な歌声が浮遊させてくれたかのようです。月の世界でランデブー。（わかる方だけで大丈夫です～）

そう、ここ赤坂の巡礼は建物自体は現役という素晴らしいパターン。1階2階はテナントとして飲食店が入っていますが、全体として「昭和が描いた近未来」的なプラネタリウムを胸に広げることができます。偶然こちらの地階にある漫画喫茶はかねてから御用達であり、知らぬうちに月世界のマグマの下で昼寝していたとは。階段を登ると中2階的なオープンスペースがあり、ここはひょっとしたら月世界時代はロビーラウンジであったりとか？ となるとロス・インディオスの記念すべきデビューレコードのジャケットに映る階段はここだったり？ 在りし日のペルシャ絨毯を勝手に敷き詰めながら記念写真。やはり骨組みが現存していると想像がふくらみます。鮭缶に入っている中骨をこよなくかじれば遠い樺太の海が広がるように……あの鮭の正体はカラフトマスです。あれ？ 急に安っぽいたとえですみません。赤坂見附といえば「全品300円」と銘打たれた赤提灯にしか馴染みがないもので。そんな一ツ木通りの一角、思えばここもロス・イン聖地。『別

寒すぎて壁と同化してしまいました。

「月世界ビル」はそのまま現存。

「月世界」の地階へ。ここでよく昼寝してました。

参考までに、当時の赤坂キャバレー店内の雰囲気をどうぞ。あ！　丸枠右の女性は『愛かしら恋かしら』の香月サコさんですね。

れても好きな人』において2人のイトマゴイの場所になります。

ちなみに♪歩きたいのよ高輪、とロスインによって唄われるそのオリジナルは、高輪でなく〝狸穴〟で唄うは松平ケメ子。ほら穴で背中丸めて熱燗すする我々種族にはケメコの破れかぶれなバラードもむべなるかな。というわけで格調高き月世界の残像を胸に赤坂はこれにてデルコラソン！　今にも安酒へと揺らぎそうな新宿歌舞伎町へと移動します。

＊カルトコーラス残響伝②

～山岸英樹とサムソナイツの巻

20年ほど前、当時住んでいたエリアである相模大野駅前にて、ホテルのイベント看板が何気なく目に入ったのですが、「ソシアルダンスの夕べ」といった催しに出演バンドの写真があり、そこで見た束の間がゆらりゆらいでこの度の逢瀬となりました。

半セピア色の手掛かりから時の川を越えてたどり着いたのはエディ田中さん。現在も「バックビート」を率いて主にイベントやダンスパーティーでご活躍中ですが、その昔はムードコーラス、そしてシンクロしてGS経験もふまえていらっしゃる貴重なお方です。さらには今も唄い継がれる名曲『新潟ブルース』のオリジネーター？　心の片隅に永らくくすぶっていた謎を紐解くべく、指定くださった船堀の喫茶店にて、初対面にも関わらずエディさんは大変人懐こい笑顔で記憶の船を漕いでくださいました。

＊＊＊＊＊＊＊＊＊＊＊＊＊＊＊＊＊＊

高校時代にブラスバンド部にいたんですが、その頃に新潟にもエレキブームが来ましてね、僕らも触発されて仲間とエレキバンド組みました。最初はドラムじゃなくてね、やっぱりみんなギターやりたいわけですよ（笑）。ベースもやったりして最終的にドラムに落ち着いた感じ。

同級生にアケ（明田川勝美さん）がいまして彼とは別バンドだったんだけど友達で、彼が最初にリンガーズに引き抜かれました。リンガーズは地元では知れたバンドで僕なんかがアマチュア大会に出る時はゲストで出ているような。で僕は就職の時期になって熱海の富士屋ホテルにもう内定もらってたんですが、そのお正月にアケから連絡があって「リンガーズのドラムが交通事故で亡くなったから急遽トラやってくれ」と。さんざん迷って親にも大反対されて靴まで隠されたんですが、結局裸足でバスに乗って新潟のその「浅草」ってクラブへ行っちゃいました。親からは勘当です（笑）。

それでそのままリンガーズに入った訳ですが、その頃はまだ『新潟ブルース』とか無かったと思うんです。そう、よく知ってますね、『新潟ブルース』って同じタイトルで違う曲を敏いとうさんのバンドも出してますでしょ？（筆者註：昭和42年に〝トシ・伊藤とザ・プレイズメン〟としてリリース）

その頃に敏さんのバンドもやっぱり「浅草」に来てその時「お前うちでドラムやってくれ」って誘われたことがありました。だいぶ後になって敏さんと仕事した時におぼえてますかって聞いみたら「おぼえてねぇなぁ」って。あの人は憎めない人だよね（笑）。

まぁそれでうちらの『新潟ブルース』はつくったリーダーの山岸さんがそのうち唄いだしたのかな、その原曲とはだいぶ違うけどロス・プリモスや美川憲一さんの歌でいつのまにかヒットしていて。どんないきさつだったのかなぁ、ただ「浅草」にクラウンのディレクターやなんかがよく来てたのは覚えてます。その縁で我々もデビューの話が来たのか、GS路線になったのはギターの竹島さんっていう人が断然そっち系の方が好きだったからかもしれません。『恋はふりむかない』は新潟の頃から唄っててデビューありきで与えられたものかと思います。

僕がリードボーカルになったのは未だにわからない、本当はアケが唄うべきだったし、オルガンの斎藤クンなんかもうまかったしリンガーズは他もみんな唄えましたから。ただある時ドラム叩きながら唄わされて「面白い声してんな」な

これを模写して地元紙の「おえかきコーナー」に送ったら、載っちゃった事がありました（笑）。

GS 時代の勇姿。阿久悠→三木たかしは後の大ヒットメーカー。

自主制作盤。裏面の歌詞にはほぼ別曲ともとれる『新潟ブルース』の歌詞が。

んて言われたのは覚えてるんですが。それで上京したんだけど、さしたる手応えもないまま今度は改名して七三分けにしてムードコーラスだと。これはおそらくドル箱のロス・プリがクラウン抜けちゃったんで我々に白羽の矢が立ったんじゃないかな。まぁ山岸さんはもともとそっちの方が好きだったし、竹島さんなんかはその路線が合わず間もなく辞めてしまった。

そんな経緯だから再デビューの『こころがわり』はラジオスポットでもかなり流れたし、桂高丸菊丸さんが司会やってた……クラウンの歌番組だったと思うんですがああいうのもかなり出たりしてそれなりのヒットになりました。これもソロがなぜか僕になっちゃったんだよねぇ（笑）。ただ歌に関しては僕は音楽そのものが好きだったからどんなジャンルでも別段抵抗はありませんでした。

で、次はいよいよだって空気になって、アケと僕のツインボーカルで2枚目の『世間知らず』、これが発売した矢先にポシャっちゃったんです。それがまた交通事故でした。どこか地方へ移動の途中。マジソンプロって、モデルで当時売り出した団次郎さんなんかもいた新進の事務所だったんですが、その運転してた僕らのマネージャーと助手席の歌手の卵だった女の子が亡くなってしまって。あれは可哀想でした。後ろに乗ってた僕ら2人、アケは全治10日位だったけど僕は1カ月以上入院になっちゃって。それで折角出したのにプロモーションどこじゃなくなっちゃったんです。

＊＊＊＊＊＊＊＊＊＊＊＊＊＊＊＊＊

童顔を躍動させ明るく語ってくださっていたエディさんの眼差しが不意に陰り、申し訳なくなります。そんな悲しいドラマがあったとは、独立されたばかりだったという気鋭のマ

元ムードコーラスとは思えないファンキーなエディさん。先日のカラオケで『こころがわり』を唄わされたそう。

ネージャーさんと夢多き少女の面影が涙を誘いました。

その後もサムソナイツはシングル5枚、70年代に入ってもしばらく活動を続けたのですが、残念ながらヒットには恵まれぬまま解散に。しかしリンガーズ、サムソナイツ、それぞれに思い出を伺うと再びエディさんの表情にもとの光明が差します。

＊＊＊＊＊＊＊＊＊＊＊＊＊＊＊＊＊

リンガーズの時は、そう、映画に出てますでしょ、松竹の『七つの顔の女』でしたか。あの時は戦争中につくられた何処か東京湾の島で緒方拳さんや西村晃さんなんかとロケしましてね、我々は浮浪児の役で、なんかセリフもありました（笑）。サムソナイツでは、やっぱりチータ（水前寺清子さん）の梅田コマ公演で半月出た事かな。チータはとても仲良くしてくれましてね、ぼくのことを「秀吉」ってなぜか呼んで、サルっぽかったのかな（笑）。よく麻雀やなんかしたもんです。チータとは『みんなでヨイショ』ってTBSの番組でも一緒にレギュラーで。会いたいですねぇ。そんな露出もあって親も喜んでくれたのかな。いつしか勘当も解かれました。

＊＊＊＊＊＊＊＊＊＊＊＊＊＊＊＊＊

映画といえばやや余談めいてしまいますが、またも出ました敏いとう先生！　お話に出ましたプレイズメンとして『新潟ブルース』を演奏するシーン（唄うは後のサザンクロス森雄二さん！）が同じ松竹の『喜劇初詣列車』にございます。渥美清さんが園佳也子さんや若水ヤエ子さんといったいかにもな方達とがじゃがじゃやるあのナイトクラブが件の「浅草」だったりするのでしょうか？

明田川さん（左端）山岸さん（左から３番目）は現在も新潟拠点に活動。

オリジナル『新潟ブルース』の入った4曲入りの自主製作盤が最近発見されたようなのですが、ネットオークションで何と十数万円で落札されたもよう。この盤に関してエディさんは全くご記憶に無いとのことでした。う～ん、聴いてみたい。

ところでエディさんは元ムード歌謡とは思えないファンキーな髪型をされているのですが、サムソナイツの後にGS時代に新宿ラセーヌでよく対バンになっていたというバニーズが興した荻野音楽事務所に移りソウルバンドを結成、ここで初めてアフロになられ、そして思いつきの〝エディ〟になられたそう。自らが体現した空前の実写版「こころがわり」です。お話に出てきた水前寺清子さんとぼくは、『水前寺清子情報館』という番組に呼ばれて何度かご一緒に。至近距離で見る刈り込んだ頭は、もはやロンドンパンクスのようになられていたのですが、50年前は互いに七三頭だった男女がアフロとパンクスに。そんなファンキーな再会をしみじみ想起しつつ、近況をおうかがいしました。

「一度は妻の郷里にひっこんで完全に音楽辞めたこともあったんですが、それも束の間、気づいたらその知人の店でまた唄いだして、今に至ります（笑）」

GS→ムード歌謡→ソウル。どんな異物でもそこに泉があれば愛してしまう、音楽は人間愛そのもの。今回の取材もそう思える、きらきらとした素敵な笑顔がそこにありました。

敏いとう、ハッピー&ブルーを語る

敏いとう

＊＊＊＊＊＊＊＊＊＊＊＊＊＊＊＊＊＊＊＊＊＊＊＊＊＊＊＊＊＊

昭和15（1940）年熊本県出身。青山学院大学を経て、日大獣医学部卒業。昭和42年、「トシ・伊藤とザ・プレイズメン」でレコードデビュー。

昭和46年に「敏いとうとハッピー&ブルー」を結成してから、『わたし祈ってます』『星降る街角』『よせばいいのに』などのヒット曲を世に送り出す。

敏いとうさんにお会いするのはこれで3度目になります。最初はかれこれ10年位前か、場所は〝恵比寿横丁〟という、昭和を模した飲み屋街マーケット。そこでぼくはギター流しの依頼を受け、気付け薬のほろ酔いで店内をぽろろんとうろついていると、あれ？ 動きが止まった先には敏いとうさんが。どこにでもいそうでどこにもいないオーラを纏っていることで脳は即座に「敏いとう」と断定しました。

奥さまと、敏さんをそのままコンパクトにしたような愛らしいお嬢様とご一緒の席で、おそるおそる近づいたのですが、「お前さん、よく知ってるなぁ」と強面からみるみる上機嫌な敏いとうさんを捋えることに成功、ちょうど選挙に立候補された折もあってしばらく「純ちゃん？ 敏だけど」という留守電を聴く日々となりました。

それから5年ほど経って、今度はテレビカメラに囲まれたなかで。司会者をたじたじにする敏いとうさんがそこにいました。ムードコーラスを振り返る番組だったのですが、武田鉄矢さんの虻にさされたような顔と両指チョッキンなモーションばかりが目に浮かびます。面白いが使えない。金八先生の精巧な哲学もさすがに取り繕えぬ爆竹を鳴らしまくる敏さんがそこにいました。

そして今日。横浜、山手駅からバスで辿ってゆくと、あれ？ 偶然駅で出くわした山中さんとバス車内で思わず顔を見合わせます。かつて『GS聖地純礼』で訪れた「ゴールデンカップ」に繋がる商店街……カップスとハピブル。メンバーの流動の激しさには共通点がありますが、いや後者はその比ではない、なんせ野球選手まで〝移籍〟してきたのだから……。

指定場所のファミレスでムード歌謡界の「監督」を待っていると奥さまを伴ってゆっくり、ゆっくりと現れました。だいぶ穏やかに時が流れた印象を受けます。油断大敵。着座するや敏さんから発せられた言葉は「俺、担々麺！」でした。さすが。

「ロマンチカ」と「サザンクロス」も敏さんの部下

＊＊＊＊＊＊＊＊＊＊＊＊＊＊＊＊＊＊＊

タブ　あの、前に「恵比寿横丁」というところでお会いしていたのを覚えてらっしゃいますか。

敏　あれから、お好み焼き屋さん、いったな。

タブ　あの時は、ありがとうございます。ちょっと前に「実話ナックルズ」で吉田豪さんのインタビューの「人間コク宝」、とても面白かったのです。

敏　純ちゃんも、いろいろがんばってるね。

タブ　それで改めて、敏さんのムード歌謡歴などをお聞きできましたら……。ロス・インディオスの棚橋さんが大学の1年先輩にいるんですね。

敏　そう、棚橋がオレより1級上だもん。

タブ　レコードを出された最初のバンドはプレイズメンになりますね。

敏　あ、それ。

タブ　その前に三条正人さんがご一緒のグループにいたりされたと……。

敏　三條はウチのボーヤだから、バンドボーイだ。

タブ　プレイズメンのボーヤだったんですか？

敏　いや、そのまえ。

タブ　その前は何ていう、まえ何かの本で敏いとうさんと三條さんと森雄二さんが一緒にうつってる若いころの写真が……。

敏　あるよ。

タブ　あのバンドは何ていうバンドだったんですか？

敏　あれは、えーと、敏いとうと……なんだったかな。

タブ　このレコードがデビューしたときのものですが、（とジャケットを取り出し）森雄二さんもいて……こちらの方がそうですよね。

敏　そう、森雄二。

タブ　プレイズメンは学生時代に作ったっていうバンドですか？

敏　その延長だ。

タブ　やっぱりその時の名前もプレイズメンだったんですか？

敏　たぶん。

タブ　三條さんが、その時にはいらっしゃった？

敏　三條はね、ボーヤでね。クビにする寸前だったの。

タブ　三條さんは学年的にはだいぶ下ですよね。

敏　昭和18年生まれ。三條はね。泣き虫だから、オレの前でよく泣いてたよ。

遠藤実先生とはペット犬つながり

タブ　順を追ってお話し聞きたいんですけど、大学時代があって、青学ではバンドを組んだりしてたんですか？

敏　フットボールやってたからね。

タブ　もともとフットボールの。音楽というよりは体育会系でいらした？

敏　そうです。だからもう渡なんかが後輩だから。

タブ　渡哲也さんが大学の後輩でいらした？

敏　体育会の部活の。3つくらい後輩で。あいつは引っ張られたの、それで俳優。

タブ　大学時代から、じゃあ認識はあったと、渡哲也さんと部活で。

敏　そう、オレはアメリカンフットボール。青学で作ったの、オレが。アメリカンフットボール部。

タブ　それは棚橋さんもおっしゃってました。敏さんは熊本のご出身ですね。熊本から東京に出てきたのはいつなんですか？

敏　高校出て。

タブ　高校卒業して大学にうかったから上京した感じで？

敏　そう。

タブ　遠藤実さんと知り合ったことでミノルフォンレコードからデビューをされたんですね？

敏　そうそう。

タブ　遠藤実さんの飼い犬を診察に行ってそれで知り合った、というような話があるんですけど……。

敏　そう。そのとき、バンドボーイだったの。

タブ　え、バンドボーイだったんですか。当時の資料には経歴が書いてあって「高見昌児とノベルティ・ハワイアンズ」で、そのあと「寺部震とココナッツ・アイランド」をへて、昭和39年には現在のバンドを結成とありますね。39年にプレイズメンをつくっていたという。

敏　そうだね。

タブ　じゃあ、自分のバンドがプレイズメンだった、と。

敏　そうなんだよ。

タブ　じゃ、3年ほどしてミノルフォンからデビューされたプレイズメンの時代に出ていた場所っていうのをお聞きしてもいいでしょうか。ナイトクラブとかそういう店でおぼえているのを。

敏　ナイトクラブだよ。「スター東京」とか新橋の。

タブ　新橋の「スター東京」。そこがわりと専属だったんですか。毎日くらい出てるようなときもあった？

敏　たぶん。

三條さんとは晩年まで付き合っていた

タブ　あの、写真では三條さんもメンバーのようにうつってる写真があったので、プレイズメンにも正式メンバーになったことは？

敏　いや、あのね、ボーヤでね。歌うたいでね、それから来たの。『潮来の伊太郎』とか好きでね。橋幸夫の。

タブ　そのお話も聞いたことがあって、もともとムード歌謡よりも股旅ものとかが得意だったと。

敏　そうそう。

タブ　デビューのときに三條さんはもういなかったんですね。

敏　フーテンだから、どっかいっちゃう。

タブ　あ、わりとあっちこっちいっちゃう（笑）。ぼくが知っているところでは、ロマンチカの前に三條さんは「山下洋治とムーディスターズ」にいたという。鶴岡雅義さんは、ムーディスターズで、三條さんが割と歌もあんまり

敏さんのお隣り、西田さんはこの後、ジェノバ→ブルーロマンと特異な動き。ギターを手に微笑んでいるのが森雄二さん。

唄わせてもらえない浮いたメンバーだったので、引き抜いたらしいんですが、ムーディスターズの前にプレイズメンにいたっていうのが正しいですか

敏　そう。

タブ　じゃ三條さんはいつの間にかいなくなった？

敏　いやいや、三條はオレんところにいたよ。それでレコード出したんだけど、オレんとこにいてもしょうがないから、よそいけっていったの。最初ヘタだったの。

タブ　鶴岡さんが三條さんクビにしろ、ってその時の事務所の社長からいわれていた、というエピソードを聞いたのですが、敏さんからみても？

敏　要するに我流だよね。

タブ　敏さんが手ほどきをしたりもしたんですか？

敏　最初からオレだもん。

タブ　最初から敏さんのもとにいたという。晩年は三條さんとお会いしたりはしてたんですか？

敏　泣きながら電話がかかってきたよ。

タブ　病気になられて、ガンだったみたいですね。弱気になられて電話がきたとか。

敏　オレ、ダメだよ、リーダーっていって。何言ってんだよ、三條、っていうと泣くんだよ。

タブ　ずっと絆はあったんですね。

ブルー・キャンドルで再デビュー

タブ　あ、それから『喜劇初詣列車』という映画にプレイズメンで出ていたのは覚えていますか？

敏　主演は誰だっけ？

タブ　渥美清さんで、『喜劇初詣列車』というのがあって、『新潟ブルース』を唄うシーンがあるのをおぼえてますか？

敏　あれは遠藤さんが書いたの。美川憲一のとは違うやつ。
タブ　あれ、新潟のクラブかなんかのシーンですよね。
敏　なんでもいいから撮るっていうね。
タブ　同じ店の空間にプレイズメンがいて、その客席に渥美さんと園佳也子さんとか若水ヤエ子さんがいるシーンがあるんですけど、歌は覚えてますか。（タブレット、うたい）こういう歌です。
敏　よくおぼえてるよ。純ちゃんはよく知ってるな。なんでも知ってるよ。
タブ　A面が花里あけみ、B面がプレイズメンというシングルは覚えていますか？
敏　これは遠藤さんに推薦したんだ、あけみちゃんを。
タブ　敏さんが推薦されたんですか？　お姉さまの苦労を見て、助けなきゃと芸能界に入ったのが妹の麻丘めぐみさんで……。
敏　そうそう。
タブ　プレイズメンで何枚か出して、メンバーチェンジして「トシ伊藤とブルー・キャンドル」として再デビューされましたね。その曲は覚えていますか？　『誘惑』っていう曲なんですけど。
敏　これ、売れると思ったのに、売れなかったね。
タブ　ブルー・キャンドルになったいきさつっていうのを。思いだせる限りでいいのですが。ブルー・キャンドルというのはもともとあったバンドなんですか？
敏　いや、僕が作ったの。
タブ　作ったとは、あちこちから集めたっていう……。敏さんがスカウトして決めたメンバーなんですか？
敏　そうだよ。ぜんぶそうだよ。（ブルー・キャンドルのレコードを見ながら）流しから拾ってきたのとか、熊本からとか……もう、死んだのもいる。
タブ　じゃブルー・キャンドルのときに出ていたナイトクラ

この1枚で敏さんとおさらばしたブルー・キャンドルは創設まもないキャニオンから70年に再デビュー。

ブの名前とか覚えてらっしゃいますか？

敏　でっかいところ（笑）。

タブ　ブルー・キャンドルで出したレコードがこの１枚だけになっちゃったんですよね。ただブルー・キャンドル自体は敏さんが抜けたあともレコード出されているんですけど、敏さんが抜けたいきさつっていうのをおぼえてらっしゃいますか？

敏　だれが？

タブ　ブルー・キャンドル単独で何枚かレコード出していて……。

敏　当時はフーテンだから、みんなが。三條もそうだし。おれは遠藤実１本だから。

タブ　ブルー・キャンドルになると、遠藤先生じゃもうなくなってるんですけど（笑）。敏さん、ちょっと歩きづらそうにされていましたが。

敏　やばいよ、腰も。

ハッピー＆ブルーで花開く

タブ　では、いよいよハッピー＆ブルーとなって花開いたお話を……。

敏　ハッピー＆ブルーはね、要するにナベプロに引っ張られたの。

タブ　敏さん自体がナベプロに？

敏　ぼくが引っ張られたの、やれって。

タブ　ナベプロの知り合いの方に、またグループつくれっていわれたみたいな感じなんですか？

敏　あんときの会長の次はだれだっけ。渡辺美佐じゃなくて。ああ、えーと、和久井さんが引っ張ったの。

タブ　え！　和久井さんがナベプロにクール・ファイブを引っ張ったと聞いていたんですが、ハッピー＆ブルーも和久井さんが絡んでいるんですか。

敏　そう。

タブ　ハッピー＆ブルーはナベプロにいたということなんでしょうか？

敏　渡辺プロだ。もってるのよ、あれ。ナベプロの本に、出てる、名簿に。

タブ　それにハッピー＆ブルーも。今度はテイチクからそれでデビューされたわけですね。ハッピー＆ブルーのデビュー曲『夜の花びら』、これがデビュー曲ですよね？

（と、そのレコードを出す）

敏　いっぱいもってるねぇ。

タブ　この時から和久井さんが絡んでいるんですか？

敏　最初から絡んでる。

タブ　ぼくは、あの、敏さんは、もともとあったバンドをリーダー気質でリーダーになってグループを統率しちゃうみたいな、兄貴分肌の方と認識しているのですが……。

敏　ついてこい、ってタイプだから。

タブ　ある意味、バンドの中で経営者みたいな、社長みたいなポジションにすぐ収まっちゃうという……。

敏　そうだね

タブ　敏さん自身もそういうのを望んだんですか？

敏　だから、三條と村上でケンカして、対でやれって。

タブ　殴り合いを？

敏　やらせた。

タブ　ロス・プリとロマンチカの対立ですね。今になってみると村上章さんはロス・プリにいた方ですね。

敏　途中でね。もともとオレんとこにいたの。

奥様は元銀行員

タブ　プレイスメン、ちなみに奥様と出会ったのはいつぐらいなのですか？

奥様　あ、忘れたもう、忘れたね（笑）。

タブ　ハッピー&ブルーのころですか？

奥様　まだ前のメンバーがいたころだよね。森本さんがうたったころ。

タブ　奥様は何をされていて敏さんと知り合ったんですか？

奥様　ぜんぜんちがいます。話にならないくらいの職業。

タブ　何を？

奥様　もうなくなっちゃったけど、富士銀行。

タブ　銀行員だったんですか？

奥様　だからね、世界が違うから興味があったのかもね。

タブ　ファンでいらしたとか？

奥様　ハッピー&ブルーのファンだった。歌のね。あのとき昭和50年くらいかな、『よせばいいのに』。ベストテンで10位くらいチョロチョロしているくらいから、1位になるまでずっと見てんの。歌のファン。

敏　テレビだと、TBSに渡辺さんてのがいてね。その人が噛んでんの。TBSのお偉いさんだった。

タブ　その方と敏さんがつながっていたと。敏さんはもともとそういう上の方とつながっているのはどういった感じで人脈を築かれるのですか？

敏　要するに生存競争に強いんだよ。

タブ　経営者の才能が、すごくあるんですね。

敏　もともとほら、熊本帰って獣医だったから。でもバンドやって、それでついてきたのが森雄二。実家の獣医科は妹があと継いじゃったし。

タブ　それで獣医より音楽で一旗揚げようか、みたいな。

敏　趣味でね。

タブ　やっぱり敏さんはハワイアンがお好きだったと？

敏　ハワイアンが好き。

タブ　じゃあ、やっぱり敏さんもボーヤ的なことをやってから始められたんですね？
敏　やってたよ。ボーヤだけど仕切ってた。要するに当時は不良ばっかりだった。そこでの腕力は自信があった。
タブ　ちなみに芸能界では誰それをケンカでノシちゃったとか、ありますか（笑）？
敏　それはしょっちゅう。
タブ　ガタイいいですもんね。
敏　今はダメだけど。
タブ　じゃあこわもてで業界でも結構通ってたんですね。
敏　友達に警視庁の連中がいっぱいいるから。
タブ　ハッピー＆ブルーのときに出てたお店とかプレイスメンの時代に出ていたお店とかと比べると、ぜんぜん違うものになってたんですか？
敏　よくおぼえてない。浅草で大暴れして、もう来なくていいって店もあったけど、おぼえてない
タブ　ハッピー＆ブルーが浅草で大暴れとは意外です（笑）。
敏　ナイトクラブか、浅草のキャバレーかな。アイ・ジョージとかとね。
奥様　横浜だってあるじゃないの。ドン・キホーテになっちゃったホテル。
敏　バンドホテルか。
タブ　バンドホテルはどの時代に？　ハッピー＆ブルーの？
敏　それで客を目いっぱいいれたんだ。すごかったよ。

歌舞伎町でホストクラブ「ヴェルサイユ」を経営

タブ　じゃ、ハッピー＆ブルーのときはバンドホテルがけっこうメインだったときもあるんですね。それは棚橋さんからもうかがいました。ハッピー＆ブルーの時代になると、今でいうホストではないですけど、すごくカッコいい人がボーカルになるみたいなイメージがあるんですけど、ホストクラブでショーをやるみたいなことはあったんでしょうか？
敏　ホストクラブもってた。「ヴェルサイユ」。
タブ　もってた？　敏さんが経営されていたと……。それはどこにあったんですか？
敏　新宿歌舞伎町。
タブ　そこでハッピー＆ブルーも公演とかもしてたんですか。「ヴェルサイユ」で。
敏　そこは巣だから、ハッピー＆ブルーの。
タブ　あ、ホームグラウンドみたいな感じ。
敏　だからその権利から何からぜんぶオレが持ってたから。
タブ　あのホストクラブっていうと「クラブ愛」の愛田社長とかも知ってるんですか？
敏　あ、愛ちゃん。愛ちゃんとかと競ってたよ。

タブ　じゃ、敏さんいっときの収入とかはもうめちゃめちゃめちゃ……？
敏　そう、めちゃめちゃだよ。
タブ　ホストクラブでバーンと稼いで、それと並行してハッピー&ブルーっていうグループがあって……。
敏　いや、ハッピー&ブルーはそこで育ったんだよ。
タブ　ホストクラブ発祥みたいな。そこでショーやられていたんですか？
敏　自分の店だから。権利関係ないし。そのへんは、ぜんぶオレだから。
タブ　敏さんの音楽的な成功というのは、ホストクラブが母体になってるってとらえていい感じでしょうか？「ヴェルサイユ」はいつごろ作られたんですか？
敏　いや、ぜんぜん最初から売れてたの。
タブ　売れてガーンときて経営はじめたんですか？
敏　経営はそうですよ。すごかったよ。客、飛行機で全国から来た。
タブ　『私祈ってます』のあとにホストクラブを作ったということですね。『私祈ってます』のころはどういうところに出ていたんですか？
敏　どこだったかな……忘れた（笑）。
タブ　「ヴェルサイユ」の跡も回ろうと思っているんですが。
敏　地下の店。愛田がやってたところ。
タブ　「クラブ愛」のすぐ隣りだったんですか。そりゃ競いますね。
敏　そこでナンバーワンでやってたのいる。歌舞伎町で「ロボットハウス」ってやってる。
タブ　あ、ホストとして「ヴェルサイユ」のナンバーワンの方ですか。ちなみに「ヴェルサイユ」のホストからハッピー&ブルーに入れた人っていたりするんですか？
敏　それは別だね。容姿端麗でびしっとしてないと。
タブ　ホストではこのムード歌謡の世界はいけないと？
敏　ホストはホストの世界だから。
タブ　芸能界はまたぜんぜん違う世界だから。敏さんにとって「ヴェルサイユ」が一番の聖地になりますか？
敏　「ヴェルサイユ」が一番だね。
タブ　閉店したのはいつぐらいになりますか？
敏　やってたよ、ずっと。今もやってんじゃないのか、ちがうのが。
タブ　ぼくも、今、ちょっとグループを自分で作ったんですけど、それが「東京ベルサイユ宮殿」ていうんですけど、偶然（笑）。お遊び的ではあるんですけど、ムードコーラスやりたくて、それが「ヴェルサイユ」というワードで偶然つながった。うれしいです。純烈さんともよくご一緒しているのですけど。
奥様　あそこ、ウチの曲、よくやってるよね。

かつての「夜の帝王」も、笑うとすっかり可愛いおじいちゃま。

ムード歌謡に振付けを入れた

タブ　純烈さんは絶対、敏いとうとハッピー＆ブルーの影響がかなりあると思います。『星降る街角』もレパートリーだし、ムードコーラスの流れからすると、ハッピー＆ブルーがあって、今の純烈がある感じなんで、その点はどう思いますか？　ハッピー＆ブルーのときも振り付けとかもかなりされたんですか？

敏　振り付けはね、日テレでもやっている振付師が教えに来てた。

タブ　ムード歌謡に振付師は当時は斬新ですよね。振り付けを入れようとするアイデアは敏さんが？

敏　そうです。

タブ　ハッピー＆ブルーはいろんな新しいものを取り入れたんですね。ちなみに『星降る街角』はもともとオリジナルはコロラティーノのボーカルの方だったんですけど、ぜんぜんつながりはなかったんですか。中井昭さんて方なんですけど。

敏　中井はいいやつだよ。

タブ　早く亡くなっちゃいましたね。そのときもよく知っていて、亡くなるまでお付き合いされてたんですか、中井さんと。

敏　だと思う。三條も紹介したし、内山田なんかも知ってるし。内山田とは仲良かった。

タブ　敏さんは「銀馬車」には出ていたことは？

敏　あるよ。

タブ　わぁ、あるんですね。プレイズメンのころですか？「十二番館」はありました？

敏　ありました。

タブ　今、因みにご実家の獣医の病院はあるんですか？

敏　ある。でも妹に任せてる。もう土地もぜんぶあげたから。

タブ　もはや仙人のような敏さんと奥様ですね。相変わらずの敏節、楽しかったです。ありがとうございました。

＊＊＊＊＊＊＊＊＊＊＊＊＊＊＊＊＊＊

相変わらず文字にもできない敏節が断片的ながらも担々麺のスパイスとともにうなります。結局敏さんの担々麺をすするさまをずっと見届ける時間のようにも思えたのですが……。それでも楽しいのは敏さんの持って生まれた「天然帝王」感の成せる業でしょうか。はなから規格外なのですべては徒花と吹き飛ばせる奔放の固まり。「ごめんなさいね」としきりに謝られる奥さまはもともと業界などつゆ知らぬうぶな銀行員であられたとか。どこでどうして敏いとう枠に。「ハッピー&ブルー」が夫婦漫才の屋号に見えるような絶妙な掛け合いがそこにありました。

すっかり夜となった寒空の下、手を繋ぎゆっくりゆっくりと帰られるお2人を、いつもはせっかちな山中さんも何かを感じているのでしょうか、「優しいトド」のような顔でしばらく立ち尽くしていました。

ハッピー＆ブルーとしてのデビュー盤。敏さんの左隣り、名取忠彦さんは後に「グリーングラス」を結成の敏学校卒業生。

●コラム

◆東京聖地巡礼⑤

〜彷徨の新宿篇

眠らない街、新宿・歌舞伎町。しかしぼくはこの辺りにくると眠っている自分ばかりが思い出されます。ゴールデン街の常連だった頃は「頭に雪が降り積もっていた男」というのが自分の肩書きのようになっていて、歌手とも人間ともつかぬ、ただ人生のカウンターにひれ伏す汚れたぬかるみと化していました。いまこうして巨大な建物のさらに雲上からゴジラに吠えられると、ちょっとはマシになったとはいえちっぽけな己を再確認できて、どこか安心している自分がおります。ここは「新宿東宝ビル」にして今日の巡礼「クラブハイツ」跡地。かの「新宿コマ劇場」に隣接していた格好になり、目を瞑ればいつも横目にかすめていたペンキ絵の北島三郎さんの鼻の穴に吸い込まれそうになります。すでに隔世の感ありですが、ぼくが東京に引っ越してきた15、6年ほど前には両方とも辛うじて現役であり、そしてその終焉の切符に間に合い伝説の銀河を泳いだ〝ネオ昭和歌謡の歌姫〟渚ようこさんも今は亡き地上の星となってしまいました。

ゴールデン街「汀」でいつも自分を叱ってくれたママ。自分を東京砂漠へと導いてくれた方でもあります。巡礼とともにそんな黙祷を秘め感傷にひたっていたのですが、ゴジラヘッドのもとドタドタうごめく山中さんがふと「ミニラ」に見えてすぐさま笑いに変えてくれました。さすが無意識爆笑王。

続いて、歌舞伎町交番を入口とする、かつてキャバレーが林立していたという通りへと移動します。交番がネオンクラゲたちの海路関だったとは。そしてそこには夢うつつか、「しびれるキャバレー日の丸」なる昭和パチンコ的ネオンが櫛の歯かけながらパラパラと明滅しています。何となく気づいていながら何となく無視していた寝床の蛾のような物件。「すげぇな。こういうのまだ残ってんだ」といつのまにか合流していた通称ビートかずお、ぼくのマネージャーさんです。

「しかし入りませんよ。意外に高そうですから」とすばやく釘をさす山中さん。長年のしみったれせめぎあいの関係です。あやしい場所はすぐ嗅ぎつけて誘蛾燈のようにまわりを飛ぶけれど、木から沁み出る蜜を吸いたいだけの我々なのでした。ロマンチカゆかりの「女王蜂」跡は特定するべくもありませんが、それこそ蜂の巣のようにあまたのキャバレーがひしめいていたのでしょうか。ここも想像の蜜蜂になるよりほかありません。しかしよくよく眺めてみると歌舞伎町はそれこそ隈取りの模様をちょこまか変えているだけで元は古色蒼然というか何も変わっていないようにも見えます。戦後、闇市でひしめいていた街の復興計画として、この一帯を庶民的な娯楽の場所にしようと当時の町会長さんによってもたらされたという歌舞伎町。どこぞのなんたらヒルズよりよっぽど面白い様式美を感じます。

そういえば……。最近〝歌舞伎町で最後のキャバレーついに閉店〟みたいなニュースを見たような。こういう時だけあうんの呼吸でほぼ同時に山中さんもそれを思い出したようです。拙著『GS聖地純礼』でもゴールというべきザ・タイガースの暮らしたアパートの破壊ほやほやな更地にそよぎましたが、ここでもタイミングの悪さは健在、絶妙のすべりこみアウトです。

案の定その「風林会館」の6階にエレベーターは無情にスルーされ屋上のゴルフ練習場へと降り立ちました。一生涯まちがいなくゴルフをしない世界のトップ3がここに謎の集結。コーン、コーンとまばらにおじさまたちの打ち損じ音が響いています。このとぼけた浮世離れ感、やはりGS聖地においてのアシベ会館にあったビリヤード場が思い出されました。今回の主旨とは全くそれますがディープゾーンには違いありません。建物それ自体が地縛霊のよう。風林会館なんだかおそるべし。

それにしても〝最後のキャバレー〟とは、我らが日の丸はキャバレーとはカウントされていないのでしょうか。国際プロレス

「しびれるキャバレー」前にて。「人気大爆発」ってありそうでない物言いですね。

「風鈴会館」屋上の一角。後に " 釧路 " を巡ることになろうとは。

はミスター珍だってちゃんとプロレスラー扱いしたのに。

そうしてメインイベントはやはり敏いとうさんです。今回のあらゆるインタビューでも不意にお名前が出ては根こそぎ話題をかっさらっていく敏いとう力。フランク・シナトラのボディーガードだったお話も近所の奥さんに味噌を借りにいくくらいにひょいっと語り下ろしてしまう敏いとうさん。日本には今、敏いとうが必要なのではないか？　敏いとう改革。敏いとうシンポジウム。どんな単語にも不思議と合います。そんな敏いとう聖地はやはりスケールが違う、自らが城主となっていたというホストクラブです。その隣りだったという有名な「クラブ愛」は今もあって、いかなる大御所でも呼び捨てにする敏さんが経営者・愛田武さんを〝愛ちゃん〟と親しみを込めて話されていたのはあるいは兄弟分のような存在だったのでしょうか。

すると、どういうわけか「クラブ愛」の店先に場末の歓楽街にありがちな〝顔だしパネル〟が。気がつくと素直な死刑囚のように顔を嵌めている山中さんがいました。なんだこりゃ。やはり歌舞伎町は永遠の屋上遊園地。街全体がのぞきからくりのような極彩色ムードコーラスのごときかな。とむりやり結びつけて、日の丸にしびれられなかったぶん沼袋の銭湯の電気風呂にしびれながら夜がふけましたとさ。

嵌め慣れていない人生だとこんなにも悲愴感が……。

「出会いをこえる、楽しいを」 楽しけりゃなんだっていいや。

＊カルトコーラス残響伝③

~J.シャングリラの巻

あれはぼくがマヒナスターズ在籍も末期の頃だったでしょうか。戸越銀座の賑やかな商店街の一角にあった、今ではあまり見なくなった個人経営的なカラオケボックスにてマヒナスターズのバンドをふまえたスタジオ練習があり、そこにどういうわけかマイナーなレコード盤が数枚飾られていました。

「あぁ、これね。僕このグループに昔いたんですよ。ほら、これ、髪の毛ふさふさでしょ」

と丸い頭を撫でながらお茶目に笑う店長さん。「え！　ぼくこのデビュー盤なら持っていますよ」とお互いびっくりし合うことに。練習そっちのけで（オイオイ！）とても楽しいひとときが流れたのですがあれから20年、時空を漂いおそるおそる辿り着いた電話口から、

「あ！　田渕さんですよね。ご活躍拝見してましたよ」

と懐かしい声で嬉しいお言葉。ぼくがタブレットに変わり果てた状況も知ってくださっていたようです。果たして伺ったご自宅にて落合さんは優しい面影そのままに、さらに優しい年輪をたたえて満月のような笑顔で出迎えてくださいました。

若者たちが自発的にムードコーラスを志したその顛末とは？　ネーミングからして謎がゆらめくJ．シャングリラの青春譚をどうぞ！

＊＊＊＊＊＊＊＊＊＊＊＊＊＊＊

高2の終わり頃でしたか、『ミュージックライフ』って雑誌に載ってたメンバー募集に興味を持ちましてね。それでオーディション受かって参加したのが「松原隆と東京エコー

「ザ・地味」。ムードコーラス界の７番打者。東京エコーズのデビュー盤。

ズ」です。松原さんはうちに来て親を説得までしてくれたんですが沼津のキャバレー専属だった時に抜けてしまってね。まぁその時の居住空間が、アパート一間にメンバー全員みたいな、ちょっと若者にはきつくてね（笑）。

で高校出てから製薬会社に就職したんですがやっぱり音楽もやりたくて、夜はハワイアンバンド掛け持ちの生活してました。そのうち山田精一って人のバンドがグアム島のナイトクラブ専属になるから来ないかと。迷ったんですが魅力的な話ではあったんで会社辞めてグアム島選びました。グアムのクラブは大橋巨泉さんなんかお客でよく来てたなぁ。で帰ってきて今度は箱根の小涌園の専属でいたんですが、グアム行く前から知り合いの伝で聞いていたコロムビア芸能が新しい歌謡グループをつくるから来ないかという話がまだ残ってて。これが「ラブリーコールズ」、後の「J．シャングリラ」です。山田さんとこは代役見つかるまで続けて頭下げてそっちに移らせてもらいました。

それで千葉県の夷隅ってとこにあるパークランドに修行がてら専属になりまして、今のスーパー銭湯みたいな施設ですね、そのPR盤で大下八郎さんと音頭吹き込んだのがレコードの最初です。やがて「ラブリーコールズ」じゃどうもって話になりまして、担当ディレクターの東元さんがまわりから「トーゲンさん」って言われたのをモジって桃源郷の意味があるシャングリラにしようとメンバー内で。Jは東元さんがブルコメみたいにいずれ略されるようなバンド目指そうと語呂でつけました。〝Jシャン〟ってね。

コロムビア芸能にいた都はるみさんの関係で作曲が市川昭介さんになったのかな、『あやまち』はコロムビアのヒット賞貰ったからそこそこ手応えはありました。全国あちこち行きましたがその時運転手兼楽器運びなんかやってくれたのが俳優の綿引勝彦さん。彼は劇団から勉強の一環で歌を習いに来てたみたいで、時折我々をバックに歌ったりもしてたんですよ。歌は……そこそこね（笑）。（※筆者註：綿引勝彦さんは後年〝綿引洪〟の名前で冠二郎でヒットとなった『旅の終わりに』を競作したレコードでシブイ喉を聴かせてくれます）

でその頃キャンペーンの一環でコロムビアの出始めのカラーテレビの宣伝として高松に滞在して三越デパートでのショウを店内のテレビで連日中継するっていうのがあったんですが、これが高松の女子高生に異常な人気を呼びまして、タイガースやテンプターズを抑えて1位になっちゃったんです。後にも先にももみくちゃにされたのはあの時だけ（笑）。しかしこれが運の尽きで、コロムビアがそれ見て色気出しちゃったんだね、2枚目のシングルが学生服着させられた『高校時代』。これで我々のテンションがぐっと落ちました（笑）。折角正統派のムードコーラス、ヤングマヒナで形になりかけてたのに中途半端な青春歌謡みたくなっちゃって。そのあとも何枚か出したんですが最後の『深夜シンフォニー』なんてフォークだかなんだかわけわかんないでしょ（笑）。で1人抜け2人抜けでいつのまにか解散となっちゃいました。

＊＊＊＊＊＊＊＊＊＊＊＊＊＊＊

「ここに謎のファジーバンド、J．シャングリラの全貌が明らかに。スーパー銭湯で高齢者のアイドルだなんて元祖「純烈」、

カレッジ・フォークかと思って買ったらムードでビックリ 15 の夏。

当時のレコーディング風景には筒美京平さんのお姿も。

販促用のしおり。色気が裏目に。

さらには冠にJだなんて〝J〟ポップのハシリじゃないですか」などと茶々を入れて落合さんを照れ笑いさせてしまいました。

それにしても「東京エコーズ」がその出発点だったとは、ぼくが小学生の時の中古レコード書い初めの1枚だったりして個人的に思い入れあるグループなんですが、この前後にも興味深いマイナー界の〝ビックネーム〟が。Jシャンの後、ジャズ喫茶でよく対バンになっていたという「パープルシャドウズ」に引き抜かれて新設のキャニオンから再デビューしたお話は前にも聞いていたのですが、この直前には最初のマヒナ分裂、その黒幕である「マハロ・エコーズ」にも束の間ながら在籍、そしてパープルの後、バンドマン生活のエンディングはなんと「コロラティーノ」！ その『思案橋ブルース』の作者である川原弘さんの組んだジャズコンボであったそうです。「川原さん、自ら命絶っちゃったんですよね。かわいそうに」と語る落合さんの眼差しが遠くなります。コロラティーノの悲話は長崎篇にてじっくり。それにしてもマヒナ座礁船のあとの終着駅がコロラティーノの絡みとは！

＊＊＊＊＊＊＊＊＊＊＊＊＊＊＊

それで名古屋に飛びまして楽器制作、修理の修行に出ました。実はもともとプレイヤーよりこっちの方やりたくて、10代の頃も弟子入り志願したんですが「まだ若いんだから違う仕事選びなさい」って断られちゃって。楽器修理なんて当時仕事として一般的じゃなかったですからね。色々遠廻りもしたけど、それが糧となって、これが自分の天分なんだなってしみじみ思います。

＊＊＊＊＊＊＊＊＊＊＊＊＊＊＊

音楽は義太夫語りだった両親から、修理は大工仕事が趣味だった父の血と語る落合さんの、奥から出てこられた弟さんは子供の頃からラジオを自分で作ってしまうほどの電気通にしてアンプ系統の修理を担当、ここに最強の〝お直し兄弟デュオ〟として全国のバンドマンたちの生命を預かられています。

「カラオケボックスは一時は儲かったけど慣れないことはやるもんじゃないね。バブルはじけて終わりました（笑）」

「パープルに誘われた時も音楽にひたすら真面目だったリーダーの今井さんがぼくが隙みちゃ練習してたのを見てくれてたんですね」

今は、そのパープルのお仲間たちと気ままにハワイアン演奏などを楽しまれている落合さん。桃源郷はユートピアの理想郷ともまた違う「理想社会の実現を諦める」という理念を示しているそうですが、「J.シャングリラ」は落合さんにとって「あやまち」ではない「美しきあきらめ」であった、そう思わせてくれる懐かしき邂逅となりました。

宮路オサム、殿さまキングスを語る

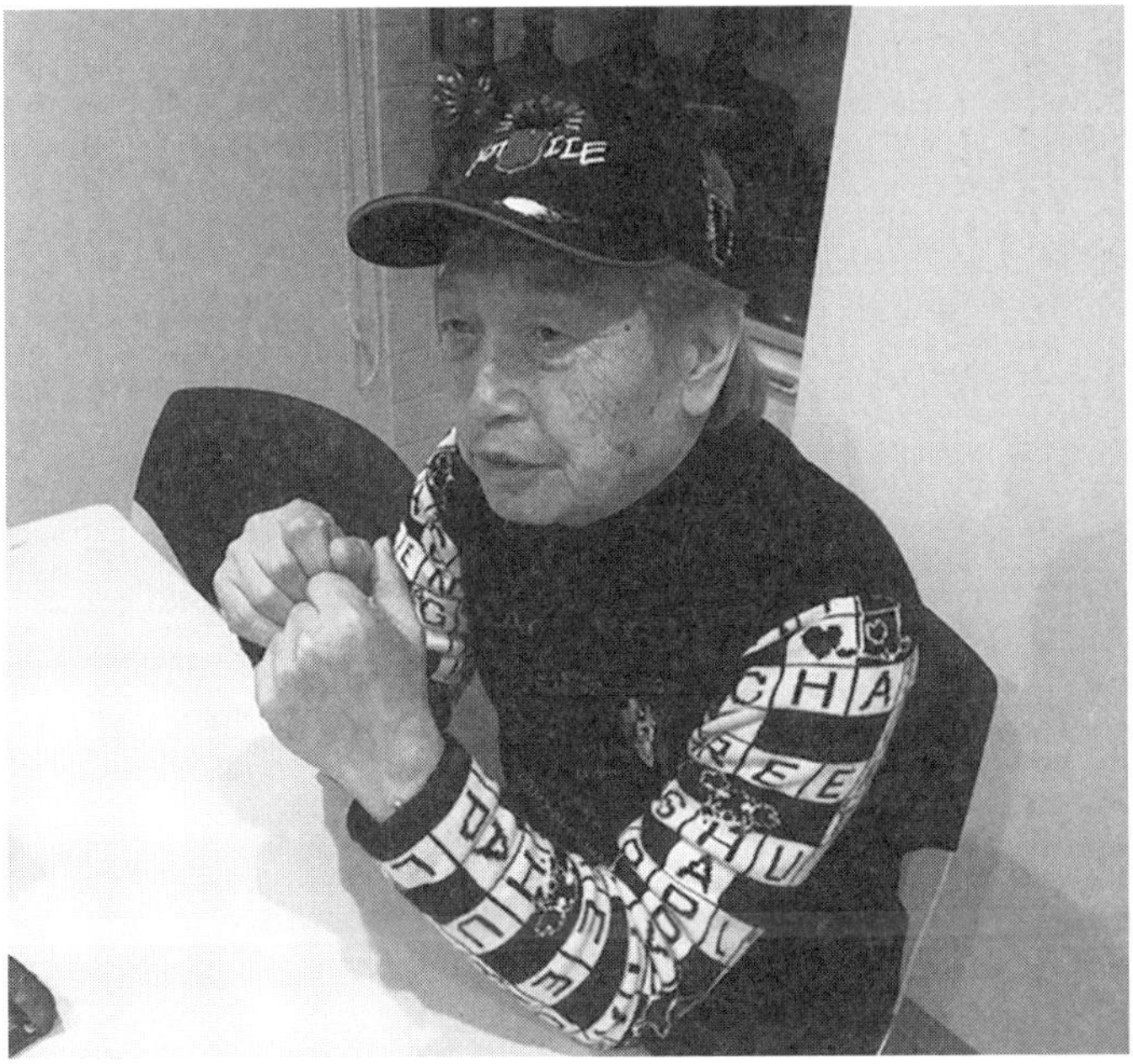

宮路オサム

昭和21（1946）年茨城県出身。昭和42年、殿さまキングスに参加する。当初はコミックバンドとして活躍していた殿さまキングスが歌謡曲に転身する際にはメインボーカルとして活動。

昭和48年にリリースされた『なみだの操』が爆発的にヒット。さらに『夫婦鏡』『恋は紅いバラ』などもヒットした。

あれは小学2年位の時だったでしょうか。当時のぼくは喘息の持病をかかえていて、それを発症するやひたすら朝までのヒュウヒュウ峠を余儀なくされておりました。そんななかにあっても、普段はとっくに夢の中な深夜帯のテレビ、未知なる電波水槽のゆらめきを幽かに楽しんでいました。隣りでは母が背中をさすってくれています。

この時『唄子・啓介のおもろい夫婦』という子供心にもどこか聞いたことのある番組を目の当たりにし、ひと通りのアチャラカのあとそれが不意にしゅんと最終回と告げられ、〝元夫婦〟がワイングラスで涙ながらに乾杯して画面が暗くなっていったのを妙に覚えています。今に至ってもサイゼリアの190円のワインを1人傾けながらふと唄子・啓介がよぎるのだからただごとではありません。

やがてどこも放送終了となり、チャンネルを回すとひとつだけぽっと映しだしたのが、かの殿さまキングスでした。心地よい皮膚呼吸法を指南してくださるようなお顔と歌声。番外地12チャンネルの奥座敷ならではの絵巻です。同じ頃「プロ野球チーム変遷図」みたいなのを見るのが好きで、だいぶ昔に「金星ゴールドスター」なる泡沫チームがあって「なんだそりゃ」と思ったのですが「まぁ殿さまキングスもいるんだし……」と自分を納得させていたので、すでにだいぶ殿キンが身体に浸透していたと思われます。

前置きが長くなりすみません。時を隔ててあれは3年前くらいの関西空港の搭乗口付近の待合。キャップを目深に被りながらもどう見ても宮路オサムさんとしかおさめられない人物が至近距離におりました。そしてあの喘息の苦境に幽かな安息をありがとうございました、とばかりにふらふら声をかけている自分が。羽田空港の荷物受取所にまで至っても「あなたはよく勉強なさっているお方だね。ありがとう」

とあの無数にこぶしを刻んだ握手をもって消えていった宮路さん、今度はなんと担当しているラジオ番組のゲストとして到来です。

ひそかにディレクターさんにお願いしたらすんなりとお出ましくださり、「あの関空で会った彼だよね」とにっこり。そして収録後も和やかなるままに山中さんをまみえての変則マッチにもお付き合いくださることに！　いざ殿キン杯争奪第2ラウンドのゴングが鳴らされました。

＊＊＊＊＊＊＊＊＊＊＊＊＊＊＊

「もらった歌では泣けない」

タブ　さっそくですが、宮路さんはお笑いから歌の世界に入られたということで、お笑い時代はどういうところで活動されてたんですか？

宮路　殿さまキングスはコミックバンドだったんです。だからジャズ喫茶が多くて、寄席には出たことないです。テレビに出てる殿さまキングスはどこで見られるんですか、とよく聞かれたんですけど、ジャズ喫茶か、当時は歌謡ショーですね。歌謡ショーの前座をやってましたからね。橋幸夫さん、舟木一夫さんとかの歌謡ショーを観に来れば殿キンは見られる、と。

タブ けっこう大物歌手のかたの前座を?

宮路 ジャズ喫茶に出てるころから、1年間は、ほとんど毎日が大御所の方の前座でしたね。だからお客さんは入る入る。青春スターから、三橋美智也さん、春日八郎さんとか。第1部はお笑いショーで殿さまキングスで、スケジュールはリーダーの長田さんが組んでました。その合間をぬってジャズ喫茶、それにキャバレー、またキャバレーでしたから。ほんとに売れなくてもとりあえず食べていける。殿キンは歌謡ショーかジャズ喫茶かキャバレー。寄席には出てないです。

タブ 一番多かったのは?

宮路 キャバレーです。東京だと歌舞伎町の「クラブハイツ」とか。コマの横の。当時は日本中通して、急行が止まるような街には、キャバレーが必ずありましたから。チェーン店もいくつかあって、1軒でもお客が入って気に入られると、ズーッとつながっていく。だから、殿さまキングスの評判はキャバレーの女のコたちが作ってくれた。

だからお笑いやってテレビにも出ましたけど、キャバレーのコたちにとって、はじめての時は名もないグループが、次の時にはテレビによく出てる、3度目にはヒット曲があるって。キャバレーのコたちには、自分の弟かお兄さんが出世していくような、そういう光景をステージから見てましたから。泣いて喜んでくれたり。

タブ キャバレーの女性たちが応援してくれて大きくなる、と?

宮路 ああいうところでは、お客はどうでもいいんです。女のコに受けないと。女のコが面白い、いいなと思うと、お客さんを呼ぶんですね。お客さんが喜ぶより、女のコが好みじゃないとダメなんで。必ずレコード出した時に、1部2部の間の休憩時間には、レコードもって客席に行って売るんですね。うまくいくときは100枚、200枚はあっという間に売れる。女のコが酔ったふりしてねだってくれるんですよ。女のコが5枚売ってくれたら、また違う席にいったりして。

タブ うわぁ、それはもう最高の協力者ですね。

宮路 当時はぼくたちは更衣室なんて特別なのはなくて、女のコと一緒の控室で着替える。じゃ、お疲れさまでしたって向こうが帰ろうとしたら、おねえさんたちには正座ですね、ありがとうございました、って。そしたら、「オサムちゃん、売れた?」「売れました」「よかったわね」

となる。そんな時代ですね。「売れました、ありがとうございました」で、おねえさんに、「じゃ1枚ちょうだい」と言われればプレゼントしますよ、になるでしょ。でも、向こうは買うんだ、って。「もらった歌では泣けない」って。いいセリフでしょ。そういう時代、作る側にも愛情がこもってた。聴く側にも、そんなに一生懸命やっているのをないがしろにして、タダではもらえないっていう。売る側にも買う側にも「情」があったんだね。

タブ　いいお話ですねぇ。今のお話の舞台は？

宮路　「クラブハイツ」かな。他にも名物店はいくつもあった。新潟の「ホンコン」、札幌の「エンパイヤ」、青森は「ゴールド」、仙台は「タイガー」、鹿児島は森進一さんが出た「エンパイア」。

タブ　「エンパイア」はグループがありましたね。「キャバレー王」の福富太郎さんの……。

宮路　キャバレーは福富さんが作ったようなもので、要するに飲み食いするところにバンドを入れて女の子とダンスを踊らせるようにしたんです。結局、その店の担当者が歌い手呼んで、銭儲けしようかって時代で。高度成長のころでしょ、カネ儲けした人たちも、どこにカネ使っていいのかよくわからないから、とりあえず酒飲みに行こう、女のコもいたらいい、そんなような娯楽を求めてくるわけです。きょう儲かったから女のコにもてたいという。かわいい高度成長の時代。

タブ　そういった時代は年代でいうと60年代になりますか？

殿キンは「成り上がり時代」のヒーロー

宮路　そうですね、『なみだの操』のころは成長は一段落してたから。だから『なみだの操』出す前はキャバレー全盛時代。それからコンサートにもよくお客さん入った。そんときはお笑いでしたから。『なみだの操』『北の恋唄』のころには、レコードは石油が原料ですから、レコード売れるわ売れるわだったのに、原料がない。レコード会社の人と新潟の石油工場にお願いに行きましたよ、原料回してくれって。注文来るのに原料が回ってこない。トイレットペーパーがないって騒いで、オイルショックの時代でした。ガソリンも高かった。

タブ　オイルショックとつながってるのか。

宮路　あのオイルショックのあと、日本中の皆さんが宮路オサムと殿さまキングスの『なみだの操』に何を求めていたのか、ちょっとわからないですね。

タブ　ものすごく売れたのは確かですが。

宮路　ぼくが思うのは、田中角栄さんが総理大臣になったと。同じ風景の中に殿キンもいた。それほど学歴もない人がトップになって、音楽学校も行ってないし、声楽の勉

デビュー盤では、「あぁ、こういう人達だったんだ」とわかります。

強もしていないと歌い手になれない、と法律はなかったけど、ほとんどジャズやったり、クラシックやったりだったんですね。それがお前は歌謡曲やりなさいって、歌い手さんとしてはいやだとしても、歌謡曲は食うためにやった。当時の歌い手さんは多くは声楽をやったりしている。で、ところが殿さまキングスは声楽もなにもやってない。あそこに行く姿が、時代的に田中角栄さんの立身出世とダブったんだろうね。あいつでもできるって。

タブ その成り上がり感が時代と合っていたと？

宮路 そう。そのころに矢沢永吉も出てくる。オレでもできるって。だから結局、世界のトヨタとか日産とか騒ぐ時代に、実はそこの部品は川崎の小さい製鉄工場のおじちゃん、おばちゃんが作った部品だろっていう殿キンの叫び。『なみだの操』の叫び、宮路オサムの叫びは、製鉄工場のおじちゃん、おばちゃんの叫びなの。行っちゃえよ、お前って叫び。今思うと、歌謡界で殿キンが売れるってわからない。歌謡界の七不思議だったんだから。何であいつが売れるかわからないんだよなって。

タブ 殿キンや宮路さんに夢をたくしていた、と。

宮路 音楽業界で著名な作家先生に怒られちゃったんだよ。困るんだよな、お前みたいのが売れちゃうとって。基礎訓練がまったく出来てなくて、ウチの生徒にも指導しようがない。要するにお前の歌は唄い方がダメ、発声法がダメって、そんなダメなのが全部生きちゃってるって。声はヨコじゃない、タテで出せって言ってんのに、こっちはヨコで唄ってんだから。だから歌の指導ができなかったって。だって宮路さん、大丈夫だもん、て。

タブ 唄い方は独自のものだったんでしょうか？

宮路 独自っていっても、自分で作ったんじゃなくて、それはいいね、ああいいな、それいいなって、言われつつ出来た。やっぱり自分のボイスってわからないんだ。ていうのも、前はモノマネをやってたんで、人のカバー曲を唄うときは、モノマネで、自分のボイスで唄うときにはどう唄えばいいのか、自分でわからなかった。『北の恋唄』でも五木さんだったらどう唄うかとか、北島さんなら、千昌夫さんならどうするかから入ってしまう。

タブ　なるほど。やはりお笑い畑なんで、デフォルメして、笑わせるところから考えてしまうわけですね。

『なみだの操』は釧路で生まれた⁉

タブ　さて、話は変わりますが『なみだの操』でいうと、大切な場所、聖地はどこですか？

宮路　「なみだの操」が出来たキッカケは釧路でしたから。

タブ　え⁉

宮路　亡くなった千家和也先生と一緒に行って、夜に女のコのいる店に入りました。それでぼくと千家先生が同じ経験をしたんですね。つい冗談のつもりで、女のコにキスしようとしたら、「キスは好きな人としてください」って。なんだ、つまらないとなって、あとで千家先生と話したら、実は僕もそう言われたってなったの。そしたら、偶然、レコード会社から、今度の曲は女性の「貞操」をテーマにしたものにしてほしいっていってきて。そこで千家先生とそのキスの話になって、「好きな人以外にキスをさせない女性」から発想が出てきて、「それって操を立てる」ってことなんじゃないかとなった。「貞操」よりも「操」のほうが、あまり聞かくなって、古くさい分、かえっていいんじゃないかと、それで「操」にしてみたら、爆発的ヒットになったわけ。

タブ　素晴らしいエピソードですね（笑）。

宮路　結局、飲んでたりする場所でそういう発想が出てくるわけで、会議室からは出て来ないんですよね。星野哲郎先生はグラスの下にあるコースターで「コースター遊び」やって、そこから詞を作っちゃったりしてる。ホステスの女の子たちに「1行ずつ夢書きなさい」って言って、その夢を合わせて、歌を1曲書いちゃったり。

タブ　星野先生は、酒場でコースターに書いて出来たとか、そういう逸話が多いですね。『昔の名前で出ています』とか。

宮路　山口洋子さんの『うそ』なんてのも、ホステスのグチでしょ。いろんなところでグチをまとめて、それを詞にしちゃったという。曲っていろんなところから生まれる。ぼくの『夫婦鏡』なんかは、千家先生とも共通の知人の結婚式があって、それが新宿の鏡屋さんだった。じゃ、記念に曲をプレゼントしようかって、まず合わせ鏡の曲にするかで始まって、その鏡に「夫婦鏡」って名前付けちゃった。これがもう次の新曲になった。

タブ　机の上より、そういうノリで出来たほうが哀歓が湧くという……。

宮路　ほとんど飲み会。酔ってる席。ぜんぶネタにしちゃう。そのころに千家先生とよく一緒にいて、飲んでて、「オサム、どっちの女のが好き?」「あっち」なんてやってました。いい思い出だね。

子供にも愛された殿キン

タブ　『夫婦鏡』のあとも演歌路線が続きますが、その後、違う形で進化していきますね。

宮路　吉田正先生が、誰かに、殿キンのぶんちゃか演歌はそろそろ飽きられるなって話してたらしい、って聞いたの。さらに先生は、困ったときはリズム歌謡だっておっしゃってたらしい。橋幸夫さんの『恋のメキシカンロック』みたいな。それでまわりから、オサムちゃんはドラム叩くからリズム感あるだろうからリズム歌謡はいいんじゃないかってアドバイスされたんです。

タブ　それで『恋は紅いバラ』ですか?

宮路　そうなの。もともと僕たちのファンて子供も多かったんですよ。それが『なみだの操』とかで離れちゃった。ところがリズム歌謡だと「笑うオサムちゃん」が戻って来たんで、子供たちも喜んでくれたよね。また『恋は紅いバラ』の作曲は『およげ！　たいやきくん』の佐瀬寿一さんで、アレンジも最高だった。ペレス・プラードの初来日で、彼の楽団とセッションもしたからね。

タブ　編曲をされた船山基紀さんも、本の中で「あの仕事は最高だった」と回想されてます。殿キンは子供たちのアイドルだったんですね。

宮路　「ちびまる子ちゃん」が殿キン好きだったって出てきたし、子供に凄い人気があったんだな。お笑いやってたのに、急にスマして唄い出したら、みんな、アレーッ!?ってなっちゃう。それがまた戻って来たんで、喜んでもらえたんだね。

タブ　『なみだの操』でヒットを飛ばした時は、お笑いの人たちの反応はどうだったんですか?

宮路　当時のお笑いの人たちは、喜んでくれましたよ。三波伸介さんなんかは、『北の恋唄』のジャケットをあちこちにまいて宣伝してくれた。小円遊さんとか「あいつら、お笑いだったんだよ。それが売れっ子歌手になったって、すごいじゃないか」といってくれて。

タブ　お笑いは格下という時代だったから、オレたちの地位を上げてくれてありがとう、っていう感じでみんな喜んでくれた、と。歌手の方たちのほうはどうだったんですか?

宮路　快く迎えてくれましたね。当時のスターはみんな懐が深かったんだ。人に聞いた話だけど、北島三郎さんは「とにかく誰かが売れればレコード業界は盛り上がる」って感謝してくれたみたい。ファンにレコード店に買いにいかせるのが大事だから、誰かがトップ引きで出て行けば、他のレコードも売れるってね。

タブ　スターとはかくあるべし、ですね。殿キンはムードコーラスっていう自覚はおありだったんですか？

宮路　どうだろう。ムードコーラスって感じはしないですね、ぼくらは。新しいコブシをもった歌い手だったのかな。ぼくらの時代は歌い手先行で、まず歌手が来る。コーラスっていう感じはあまりなかった。

熱海でのリーダーとの再会

タブ　遡って、そもそも殿キンに入られたキッカケは？　元はファンキーガイズですよね。

宮路　ぼくが熱海のホテルで働いていて、夜になると、ドラム叩いてた。それも飛んだり跳ねたり、派手に動いてたね。ちょうどそのころ、ファンキーガイズやってたリーダーの長田が、お前、ウチでドラムやんないかって。ファンキーガイズのことならスパイダースの井上順さんがよく知ってますよ。ジャズ喫茶で一緒になったりしてるから。

タブ　じゃ、そこで長田さんに会って誘われたんですね。

宮路　いや、その前にも会ってるの。まずぼくの生まれをいうと、常磐炭鉱の出身。それで就職しようとしたら、炭鉱が閉山になっちゃって、東京に出てきて、上野に降り立った。どこにいったらいいのかさっぱりわからないうちに、挙動不審でお巡りさんにつかまっちゃったりしてね。「何しに来た？」「よくわかないんです」って。映画見るのが好きだからって、錦糸町の江東劇場でやってた『用心棒』見てたら、そこにアルバイト募集の貼り紙がはってあった。住み込みで出来るかきいたら、できるってわかって、始めたんです。

タブ　じゃ、しばらく映画館で働かれてたんですか？

宮路　あのころは、映画館で、映画と一緒に歌謡ショーもやってたんです。で、入ってすぐに、翌週から映画『社長漫遊記』と一緒に、島倉千代子さんの歌謡ショーがあって、映画館の人から「キミは島倉千代子ショーの方の現場スタッフやれ」って言われた。照明係よ。それで島倉さんのバックでベースひいてたのが長田さん。「なにかあったら言って来いよ」って声かけられてた。

タブ　へー、その出会いがあって、熱海で運命的な再会をされた？

宮路　そうなの。ぼくも、流しや、いろいろやって、熱海に流れて行って、4年の空白のあとにリーダーと再会したんです。お前がドラム叩けるなら、新しいグループ作れるって、リーダーも乗り気になって、僕が入った翌年に殿キンになった。リーダーの息子でトモちゃんと今は医者になってるんだけど、そのトモちゃんがよく言うんだ。長田はウチに帰ると「宮路オサムを誘っておいてよかった」って。トモちゃんも言ってくれる。「父にとって、宮路さんはかけがえない存在だった」って。

タブ　長田さんにとっても運命的な出会いだったんですね。殿キンというと皆さん仲良しの印象ですか？

宮路　よかったですよ。ぼくの引き抜きの話も多かったし、ソロもだいぶ勧められた。コーラスいらないだろ、ともよくいわれました。何でそうしなかったかといったら、居心地がよかったんだろうね。仕事のあと、メンバーで飲みにいって楽しかったから。業界がわかってきたのもある。うっかり乗せられたらエラいめにあうって。

タブ　ずっと仲良しで？

宮路　でも、最初はちょっと尾田まさるが反発してたよね。もともとボーカルの予定だったのを、ぼくが入っちゃったから。でも、今では彼とも仲いいよ。やっぱりリーダーがうまくまとめてたと思う。リーダーはプロデューサーとしての力があったしね。『なみだの操』のあとのレコード会社との関係から、多方面にぜんぶやってたんだと思います よ。僕ら、何もやらなくてすんだもん。殿キン解散して自分でやるようになってから、リーダーのやっていたことがよくわかった。それで女房にも云われたよ。「あなた、だんだんリーダーそっくりになってる」って。

タブ　それはドリフにおけるいかりやさんと志村さんの関係にも通じますね。そして長田さんはオヨネーズでも当てましたね。

宮路　だからプロデューサーとしての目が利いてたのよ。でも最初は、オヨネーズを僕と杏しのぶさんでやる話もあったの。でも、断りましたよ。「オレとシノブさんじゃ、クサいとクサいで売れないよ」って。あれはリーダーだったからよかったんだよ。あと、そうべいさんは。大阪の寺の息子だからね。ハワイアン出身で裏声も出せるし、コーラスの譜面も書ける。

タブ　バッキー白片さんのところでやっていた多田幸之助さんの弟さんですね。だからミュージシャンの血ですよね。

ぴんからトリオは「ライバル」だった!?

タブ　殿キンではあまりイヤな思い出はない？

宮路　ないですね。ムード歌謡に新しい風を吹き込んだって評価もされてるし、楽しい思い出ばっかり。

タブ　では解散したのは、ケンカ別れとかではなく、円満に？

宮路　ぜんぜん。とりあえずみんな自由にやっていこうっていうだけで、その後も、よく一緒に集まって出演したりもしてる。

タブ　同じ境遇でいうと、ぴんからトリオさんとの交流は？

宮路　同じお笑い出身で、中学の同級生みたいな感覚かな。宮史郎とは、よく飲みに行きましたよ。何年か前にぼくと宮史郎とロマンチカの三條さんでコンサートやったりしてたこともあるけど、三條さんは「なんでここにオレがいるんだ」とコボしてたな（笑）。オレが頑張れば宮史郎も頑張る。よしもオレは宮史郎の倍は唄ってやろう、なんてファイトも沸いたな。

タブ　ライバル関係もそれなりにあったんですね。

宮路　最初はね。『北の恋唄』は、ぴんからの『女のみち』の「刺客」としてビクターは力入れたの。殿キンならぴんからを超えられるかもしれないって、もうデビュー前から台本が出来てて、対抗馬にされちゃった。ぴんから、殿キンで、平和勝次にレッツゴー三匹でしょ。ビクターだと『夫婦春秋』のザ・コミックスもいたか。アイドルフォーは太田プロじゃ先輩で目標だった。ドンキーカルテットはいけるかな、ってくらいで、ダスターポットはなめんじゃない、だったね（笑）。

タブ　ダスターポットはバラクーダの前身で、岡本師匠とは今よく寄席でお会いします（笑）。ドリフターズの存在は？

宮路　あ、ドリフはもう雲の上。結局、不景気だとお笑いがはやるんでしょうね。景気良くなるとかえって泣きの演歌がはやったりします。今は幸せだけど、歌聴いて、昔のことを思い出して泣いてみたくなったり。ぼくらのコンサートでもよく、いかにも幸せそうな人に、「オサムちゃん、たっぷり泣かせてよ」なんて言われる。『なみだの操』のころは、世の中景気良かったし、みんな笑って、いい思い出しかないんでしょう。ナツメロになると田端義夫さんの『かえり船』なんて、年寄りでいやだって人は多い。辛い思い出ばっかりで、いい思い出が少ないんでしょ。でもたまらない名曲だよね。

タブ　お笑い時代もでも相当売れていたときききますが？

宮路　まあ、ＮＨＫでも、お笑いのころ、「殿キン」をタイトルにして番組を1本とってる。小さいところで、そこそこは成功してますよ。ただ殿キンはテスト用で、本編になるとクレージーへとか、そういうふうになっちゃう。お笑いのネタでも、映画館で流す芸能ニュースの画像しか残ってない。それでぼくが歌い手になった動機のひとつとして、子供には芸能界にいた証拠を見せてやりたいなっていうのがあった。

タブ　映像は「スポニチＴＶニュース」の、あの、テンプターズの『神さまお願い！』をうたいながら、羽織袴がびりびりやぶられていく（笑）。貴重な映像ですね。

歌声同様、実にひきこまれるオサム節。日本酒が飲みたくなります。

「コミックバンド」としてのプライド

タブ　宮路さんは、はじめから、いずれは歌手に、というのはなかったんですか?

宮路　ナマリがひどくてさ。「オレは」が「オリは」になっちゃって、みんなが笑うんですよ。だったら、どうせならお笑いの世界のほうがいいだろうって。ただはじめのうちはお笑いだけじゃ食っていけない。一方でお笑い、一方ではミュージシャンでやってました。そのうちにリーダーが自費レコード作ったの。

タブ　『ロロ子は18流れ唄』と、発禁になったアロハ・ブラザーズの『ラリラリ東京』を改作した『メロメロしっちゃかめっちゃか東京』ですね。宮路さんは、流しもやってらっしゃったんですよね。

宮路　そうなんですよ。北島さんも流しだけじゃなく、実はお笑いでゲルピンちん太・ぽん太って漫才やってたくらいで、みんな、いろいろやってる。ぼくは流しは小田原でやってた。流しっていえば、リクエストは北島さんのようなド演歌の曲が多いようなイメージが強いけど、そうでもなかったです。だいたいマヒナや三島敏夫とかが多かった。ちょうど昭和40年代の前半くらいで、そのころはムード歌謡に来てました。ソロだと井上ひろしや坂本九あたり。ぼくもムード歌謡唄ってて、ドラムも叩いてた。だからリズム感があった。

タブ　宮路さんはもともと演歌の歌い手ではなかったんですね？

宮路　そうなの。それで、以前、都はるみさんと『ふたりの大阪』をデュエットで唄った時、コブシを回す注文もなかったんで、ド演歌じゃない唄い方をしたの。そしたら、はるみさんも「エーッ？」って顔でビックリしてました。

タブ　殿キンのネタは、やはりクレージーの流れを継いだモダンなものだったとききます。

宮路　一緒に見られることが多いけど、「コミックバンド」と「歌謡漫談」はちがうんですよ。コミックバンドは「おもしろいミュージシャン」、歌謡漫談は、流行歌を取り入れつつ、ことばをネタにした「演芸」。ボーイズともいうね。殿キンはボーイズじゃない。地方に営業行くでしょ、そこで殿キンの看板が「ボーイズ」とか「歌謡漫談」になってたら、リーダーは「コミックバンドにしてくれ」って抗議してましたよ。

タブ　それだけコミックバンドとしてのポリシーがあったんですね。演芸番組も多かったから、混同されていたんですね。

宮路　『笑点』もあったし、『花王名人劇場』とか、東京ぼん太さんの『お茶の間寄席』なんかもあった。でも一番は『大正テレビ寄席』。CMの間に楽器をセッティングするでしょ。それで殿キンが登場するとわかると、お客さん、沸いたから。昭和46年くらいかな。ケーシー高峰さんと殿キンゲストの正月の『大正テレビ寄席』で視聴率40％超えましたよ。

タブ　わぁ、すごい。すでに営業でも売れっ子だった？

宮路　売れてた売れてた。お客呼ぶんだから。大物歌手の前座にはいつも殿キンが指名されてました。当時、ナンバーワンアイドルだった桜田淳子ちゃんと殿キンが一緒の体育館でのコンサートなんてのもありました。こっちがお年寄りを受け持って、淳子ちゃんが若い子を受け持って、両方の出番でお年寄りと若い人の席が入れ替わったりとか。あのころは大人と子供が娯楽をちゃんと折半しあってたんですよ。いい時代ですね。

タブ　『なみだの操』が出て、ヒット歌謡グループになって、大きく変わったことは？

宮路　一番はっきりしたのが、営業でお笑いのネタをやっても受けなくなったこと。『なみだの操』の後、サービスのつもりでお笑いもやるわけですよ。ぜんぜんダメ。「ふざけんな、まじめにやれ」っていわれるようになる。何か場を逃げているというか、1曲減らそうとしてんじゃないの、とか誤解されちゃう。

タブ　大人の世界ではそんなに変わってしまうんですね。ちなみにギャランティは？

宮路　これがまた、とんでもなく変わる。お笑いで、大御所の前座やってたころは20万だったのが、ヒット曲出して紅白でると５００万とかね。でも歌１本で通すのもつらくて、ときどきは10分が15分くらい、息抜きにお笑いのネタ入れてみるんですよ。これがウケない。どうも時代が変わっちゃった。

タブ　一気に「お笑い」ではなく、「歌手」にみられるようになっちゃうんですね。

宮路　でも、こっちとしては元の血があるからね。何度か大阪にはチャレンジにもいきましたよ。大阪の角座ね。歌謡劇場じゃなくて、お笑いの場。昭和48年くらいから『北の恋唄』や『なみだの操』を出すころに角座に出たんです。まわりからはちょっと白い目で見られました。なんでわざわざ大阪に来るんだって。お客はすごく入ったんですけど。それで調子に乗って、『なみだの操』で紅白出た翌日の元旦に、また角座に出たんです。こんときはすごかった。普段、１日４回公演が８回やっても、お客が入りきらないくらい。前座で宮史郎も来てくれましたよ。いっちゃなんだけど、歌ではあっちが先輩だけど、お笑いではこっちのが売れてましたし。それでも、『女のみち』が当たったころは、殿キンもキャバレー行くと、お客さんによく『女のみち』唄えって言われてましたね。

自分たちの持ち歌を作らなきゃいけないと悔しかったです。そう、お笑いと歌と、どちらでもトップになりたい気持ちはありましたよ。

タブ　すごい。殿キンとぴんからの歴史的しのぎ合い。源平の戦いですね。お笑いだか歌手だか中途半端なぼくには、大変刺激になりました。いろいろ素晴らしいお話、どうも、ありがとうございました。

****

ラジオ局のロビーをお借りして30分ほど、というお約束だったにも関わらず、何と宮路さんご本人からのご厚意で近くの喫茶店へ移動しての延長ラウンドまで設けてくださり、貴重なエピソードから人生訓をふまえた深いお話まで、ホッピーセットならふたまわし、いや、さんまわしするほどに堪能させていただきました。ここでは掲載できませんでしたが、ラジオの折にお伺いしたエピソードをひとつ。殿キンがお笑い時代の必笑の持ちネタが「演歌マサチューセッツ」。この誕生には、あのタイガースが一役かっています。彼らと一緒の楽屋で、オサムさんが何気なくド演歌調になぞられたそれを若虎一同大爆笑。腹かかえながら、「オサムちゃん、それ絶対舞台でやってよ」。日々忙殺され、亀裂もあったＧＳの王者、貴公子たちの一服の清涼剤が〝殿様〟であった。生ま

れながらの素晴らしき「おもてなし力」です。

そして、なんと席を立つや伝票をさっと持って会計まで。それを菩薩のようなまなざしで見守る山中さん。ってオイオイ！　こんなに激しくツッコんだのは人生初です。お笑い界でも一流であったオサムさんオーラによる授かり物でしょうか、などと結局お支払いさせてしまったぼくもぼくです。落日のなか、濃い人生劇場の果てにさらりと笑顔でお付きの方の車に消えた宮路さん、かっこいい。殿さまに献上されっぱなしのような贅沢なひとときでありました。

自主製作盤。女の子を授かったらロロ子と名付けたかった。

アロハ·ブラザーズの『ラリラリ東京』をリメイク。当初、『メロメロしっちゃかめっちゃか東京』として自主盤でリリース。すごい執念。

平和勝次、ダークホースを語る

平和勝次

昭和20（1945）年広島県出身。中学卒業後、大阪で浪曲師のもとに弟子入り。その後、漫才師となり「平和勝一・勝次」のコンビでお笑い歌謡ショーを演じる。

　平和勝次とダークホースを結成し、昭和47年、『宗右衛門町ブルース』でメジャーデビュー。200万枚を超える大ヒットとなった。

群馬県は富岡市にて、ロス・インディオス&ニーナさん、平和勝次さん、そしてぼくという不思議なコンサートがありました。その昔、今はなき新宿コマ近くの立ち食い名店「後楽そば」に〝三色セット〟みたいなメニューがありましたが、天ぷらそば、焼きそば、ミニかやくご飯……ぼくは勿論、よく混ざってないムラのあるかやくご飯であります。

そんな中、コテコテな方に違いないと覚悟して楽屋を訪ねた平和勝次さんは、とても腰の低い、丁寧な喋り方をする紳士でいらっしゃいました。華奢なお体で、頭にスポっと鬘をかぶせたらそのまま「平和煙草店」のおばちゃんにもなりそう。失礼。

すこぶる好印象なまま、本書の企画に際して山中さんに「平和勝次さんと知り合うことができたのですがインタビューなど如何でしょうか?」と提案してみると、もともとお笑い畑である山中さんはまんざらでもないご様子ながら「しかし平和さんといえば関西人ですよね、まさか大阪に飛ぶなんてことは……」そのまさかもまさか、今も平和さんはどっぷり関西在住、それを伝えるや山中さんはわなわな狼狽。

ただ大阪といえば前著『GS聖地純礼』においてゴールとなった西成の夕焼け色したからっ風がよぎります。ぼくも山中さんもどこか大阪の風土をひそかに愛する身空。何かが起こりそう。ここは聖地巡礼界のぴんから兄弟になるより他ありません。聞けば普段は兵庫ののっぴきならない山奥に住んでいるという平和さんが「そやったら川西池田ゆう駅まで下りていきますわ」と我々の為にわざわざ下山宣言。これは行くしかないでしょう、山中さん！　というわけで激安パックで前のりして、通天閣に見下ろされたお酒とお風呂をどっぷりと浴びてまだぼけーっとした視界に山中さんがどこか腑に落ちないままくだんの川西池田駅にどたどたと現れました。

この「腑に落ちない感じ」が山中さんの笑いの原点です。(と勝手に決めてみました) 何やら馬に股がった戦国武将の巨大な像を見つけるや全く腑に落ちないまま山中さんの〝ここに来た証明〟なだけの記念写真にそそくさおさまったりなどしていると。まもなく宗右衛門町お奉行さまが神々しく現れました。ははぁ。

＊＊＊＊＊＊＊＊＊＊＊＊＊＊＊

今も全国で公演の日々

タブ　今も全国を回られているそうで。

平和　はい、毎年、冬は家が寒いので沖縄で暮らしてるんですよ。

タブ　沖縄にお家を建てられたんですか？

平和　いえ、普通のマンションです。向こうから行く方がどこでも近いんですよ。こっちの猪名川の家からやったら

4時間くらいかかるんですよ、いろいろ行くのに。

タブ 兵庫の奥に方に住んでらっしゃるんですね。

平和 交通の便が悪いからね。沖縄やったら、10分くらいでいろいろ行ける。それで5、6月は北海道やね。

タブ 北海道の釧路に行ったときなんですが、老人ホームに平和さんのサインが飾ってありました。

平和 毎年、行ってますからね。決まってるんです。1月は大阪なんですけど、2月が沖縄。3月が休みで4月東北。5、6月北海道で7月が大阪、8月が四国で、9月は山陰。10月11月は九州。だいたいスケジュール決まってます。もう26年目。

タブ ご自分でツアー組んで?

平和 はいはい。音響、照明さんもみな連れて、無料でやるんです。会館の費用もチケットもウチでやってるんです。それでもなんとか去年までで25年も続いてるんですね。

タブ え! 無料でやられているんですか?

平和 はい。ただ無料でも手伝いはいっぱいいるんです。老人クラブさんとかは無料なんですけど、僕のショーの前に地元の踊りの方やカラオケクラブの方が踊ったり、唄ったりしてくれるんです。そこでいただいたお金で会場費払ったりしてるんです。ですから最初は赤字でしたけど、3年目くらいから、ある人が、平和さん、今、カラオケブームやから、平和さんのステージの前に出てもらったらって。どこ行っても、ぼくのショーの前で唄ったり踊ったりしてもらっています。

タブ 地元の歌手の方もけっこういますよね。大阪にも西成とか回ってるんですが、地元の方が昼カラオケの店で唄いまくっていました。

平和 ちょっと変わってるでしょ、西成も。昔はすごいところやったけど、外人さんが多くなって、そこの劇場も出てたです。

最初は浪曲師に弟子入り

タブ 芸人になられたキッカケは何だったんでしょう?

平和 ぼくはおふくろが浪曲師だったんです。

タブ 弟さんも芸人さんなんですよね。

平和 そう。ぼくのあとついて入ったんです。弟は内海突破さんの弟子の笹山丹波さん、それの弟子。

タブ 平和さんの師匠はどなたになるんですか?

平和 平和ラッパですね。その前の浪曲の名前は水中軒土座衛門。その前は冨士月坊といったんです。で、独立して冨士月坊ではどもならんと、じゃ、何かないかなで、いいかげんなことしとるから、水中軒土座衛門でいこかと。

タブ すごい名前(笑)。でもそのころはお笑いやってたわけではないんですね。浪曲師になられたのは、昭和何年くらいでしょうか？

平和　昭和47年が歌手としてのデビューやから、その10年くらい前かな。

タブ　昭和30年代後半で、もうそのころ浪曲は……。

平和　僕は15で弟子入りしたんですね。で、5年間はやっていて、どないもならん。もう浪曲はしんどかったです。

タブ　たとえば鉄砲光三郎さんなんていう方は？

平和　あの人は河内音頭です。浪曲いうたら京山幸枝若さんとか。当時、若手ですけどね。ぼくの師匠いうのは冨士月子います。

タブ　幸枝若さんは東京でも有名でした。三波春夫さんとかは？

平和　あの人は、ずっとずっと大先輩なんですよ。村田英雄さんとかね。ウチのオヤジは村田さんの一座におったんですよ。

タブ　どうして浪曲を出られたんですか？

平和　浪曲の仕事がなかったんですね。で、冨士月子の一番弟子というのが平和ラッパの奥さん。それでぼくはもう、弟子になって。当時は浪曲もあかんし、お笑いに行くんですけど師匠関係とか派閥があって、何もなしではいじめられるから、平和ラッパのところにいって名前もらえと。

勝一・勝次で音曲漫才

タブ　そして平和勝次を名乗られたんですね。相方は？

平和　今は平和ラッパになっている勝一です。そのときにすでに『宗右衛門町ブルース』は勝一・勝次のコンビのときに唄ってたんです。

タブ　漫才の中で唄われていたんですね。ちなみにこれは、北原謙二さんの『さよなら　さよなら　さようなら』の替え歌ですよね。

平和　それ、僕、知らなかったんですよね。たまたま唄ってたんが、どっかの耳に入ってたんやろうね。

タブ　唄い出したのはどちらなんですか？

平和　私。今のラッパいうのは、唄わず、ギターひいてたから。

タブ　何となく耳に残っていたのを、高座で唄ったんですね。2人ともギターの、音曲スタイルですね。

平和　ギター漫才です。そのときにぴんからトリオも同じステージにおったんです。

タブ　へぇ！　同じステージとは？

平和　会社は違いましたけど、ぼくは当時は松竹、ぴんからは東宝系ですわ。

タブ　「トップホットシアター」にも出てましたか？

平和　出てましたわ。松竹もみな出てましたね。ウチも出てたし、千里万里も出てた。
タブ　一緒ですか。まだ少女漫才だったころ？
平和　まだ、入って来たころでしたから。
タブ　あんなになるとは思わなかった？
平和　ええ、それも結局、歌ですわ。ぴんからトリオさんが出て、平和も唄ってるってきて、殿キンがきたでしょ。それで千里万里もラプソディーできたからね。
タブ　殿キンの長田あつしさんは関西出身ですよね。
平和　あの人は淡路出身でしょ、たしか。
タブ　一緒に「トップホットシアター」とかに出ていた仲間も歌で出て来た？
平和　だから、最初にぴんからトリオが出て来た時は「えー、お笑いが歌手になって、何百万枚も売れた」ってえらいことになりましたもんね。
タブ　そのころぴんからさんとは仲よかったんですか？
平和　仲良かったいうても、お互いビンボー同士やからね。当たる前は。
タブ　飲みに行ったりとか？
平和　ぼくは酒、タバコはよう飲まなかったんで、みな、やっぱり飲んでましたね。先輩ですね。
タブ　あ。すでに売れてる先輩とかが。
平和　今は師弟関係はほとんどないんですけど、当時はあったでしょ。おカネなくても食うて行けたんですね。楽屋いって、「おはようございます」って、先輩の衣装畳んだりしてしたら、もうわかってんのね。お前らご飯食べてないやろ、とか、そういうものがあったからね。今はないですけどね。
タブ　いいですねぇ……。今は学校になっちゃいましたからね。
平和　そう、学校出たンが多いから、なくなりましたけどね。
タブ　師弟関係のころは食べるのに苦労はなかったんですね。
平和　ないですね。どこかいったら、食べさせてもろうて、あの時代は。

同世代はやすきよ

タブ　平和さんの師匠、ラッパさんはどんな方だったんですか？
平和　大阪でいうたら三バカ。平和ラッパと藤山寛美と、坂田のトッちゃんが入ったのかな。とにかくそういう感じでしたね。それでも舞台から降りたら、男前ですよ。わざとああしてるんですよ。
タブ　大阪ではだいぶ売れてらしたんですか？
平和　もう大御所も大御所。トップですね。あの芸風は東京では無理ですよ。そもそも東京では誰やろうか、最初に行き出したのは敏江玲児あたりですね。

タブ その前にもかしまし娘なんか、来てたんじゃ。

平和 かしましは来てましたかね。でもそれくらいですわ。ラッパ師匠は、東京の人間は笑うというよりビックリしたと思いますね。あまりにも強烈で。

タブ お正月には出てくるんですよね、東西寄席とかで。

平和 はじめて東京の後楽園ホールにいったときも、ぜんぜんダメでしたもんね。違和感があって。東京のが軽いんですよ。大阪みたいにしつこくやるとダメなんですよ。サラッといった方がいいのはあとでわかったんです。

タブ 勝一・勝次のときはテレビとか出てましたか?

平和 出てましたよ。ちょくちょく出てました。

タブ 東京には進出しなかったんですか?

平和 しなかったですね。向こう行くルートもなかったし。

タブ ごく一部、東京に来ている方もいたようですが。

平和 だから敏江玲児さんとかやすし・きよしとかが、行ったり来たりしてて、東京にいるいう感じはないですね。

タブ やすきよと世代は一緒ですか?

平和 はい、一緒です。

タブ やっぱり、やすきよは当時からよくお会いになってたんですか?

平和 そら、毎日、楽屋で一緒やから。でもやっぱりね。あれ見てやめた芸人さん、いっぱいいますわ。あのテンポでネタを重ねていってオトすいう人は当時はなかったですよ。あの時分、ツカミのネタのごちゃまぜで、お客さんいじるでしょ。なかったんですよ、やすきよは。敏江玲児でもそうでしょ。

タブ ドツキ漫才ですよね。今はできないですよね。絶対クレームきそう。

平和 あの時分から東京行きだしたのが、その後、吉本が東京に会社をこしらえて、はじめて行った社長がやすきよマネージャーの木村さんやからね。

コンビのテーマ曲だった『宗右衛門町ブルース』

タブ 勝一・勝次でボケはどちらがやられてたんですか?

平和 そりゃもちろん勝一がボケですね。ただウチの場合は、ボケとか突っ込みとかそんなに分かれてなかったですね。楽器を持つでしょ。

タブ それで『宗右衛門町ブルース』を、テーマ曲としてやってたんですか?

平和 そうそう。それはぴんからトリオも『女のみち』を最初にやっていて。同じようにしてたんです、たまたまそれが世の中に出て、もうひとつ、ええ歌あるでって出たんです。

タブ 笑いのネタではなく、テーマ曲だったんですね。

平和 だから当時ね、歌できてはじめて大阪の朝日放送にオーディションに行ったんです。ギターもってね。やったけど、こんな歌はダメって朝日放送の人にいわれて、それから半年たって、ドーンときた。

タブ　ぴんからが出た後だったからよかったんですね。その前に番組行ったら、偏見があったと。やっぱりぴんからが売れたからですか？

平和　もちろんそうです。

タブ　『女のみち』と『宗右衛門町ブルース』はどれくらい間があいてますか？

平和　半年くらいとちゃうかな。そのあとに殿キンがすぐ出た。でもほとんど一緒と思いますわ。47年、その前に殿キンは『北の恋唄』とか別の曲、出してます。

タブ　そうですね。僕はあの曲のほうがわびしくて好きです。でもあまり売れなかった……。

平和　当時、曲は注目されてたんです。お笑いの人が歌だした、いうてね。

タブ　ぴんからはなんであんなに売れたんでしょうか？

平和　あのね、大阪は東京に負けたらあかん、って『道頓堀人情』じゃないけどね。あの歌、東京にもってったら、おそらく売れないと思うんですよ。あの唄い方で、もちろんぼくの歌もそうですけどね。あのままポンといっても反応なかった。

タブ　大阪ですごい火がついて東京に行ったと。

平和　やっぱり、大坂と東京は歌い手の世界でも格差がありましたよ。大阪が東京に行ってもどうもね、という感じで。お笑いでも当時、東京と大阪は段差があった。

タブ　漫才なんかは大阪が本場という印象がありましたが。

平和　ぜんぜん。東京のほうは全国放送ですから。大阪はやっぱりダウンタウンやさんまさんが行ってから、大阪弁がわかるようになったし。

タブ　その前にやすきよさんがある感じですが。

平和　そうそう、ちょっと大阪弁でやってたよね。でもぴんからあたりから、大阪の歌でもいいのかなとなって、あとから中村美津子さんや天童さんが出たでしょ。

タブ　コメディNo.1の『アホの坂田』もけっこう売れたと聞きますが？

平和　いや、まだ売れたのは間寛平ちゃんの『ひらけチューリップ』やレッツゴー三匹の『新地ワルツ』とか。でも、『新地ワルツ』はだいぶあとか。

「トップホットシアター」にはいろんな芸人が集まっていた

タブ　そうすると、「トップホットシアター」は一番そういう人が集まった場所だったんですね。

平和　そうです。大阪駅からちょっと、あるんかいな。

タブ　東宝系か阪急系のビルのあたりですよね。
平和　トップホットは何階やったろう。2階くらいかな。上がった記憶があるんですよ、楽屋がね。
タブ　当時の「トップホットシアター」は寄席だったんですか？
平和　寄席です。3つの会社がありましてね。松竹芸能系、吉本系と大宝芸能系と。
タブ　大宝芸能ですか？　初めて聞きました。
平和　東宝系です。そこにぴんからとか千里万里さんもいた。
タブ　だから上沼恵美子さんは吉本じゃないんだ。ダークホースはムードコーラスの形態にするために集めたとか？
平和　あれはもともと曲も僕一人で作ったんですよ。で、ぴんからは3人だったでしょ。なら5人くらいでやろうってなったんです。急きょ、ウチの若いコ、みんな集めてね。
タブ　若いコってどんなところから集めた方なんでしょう？
平和　あれね、なんでかいうと、僕、大坂で流しの事務所やってたんですよ。そこでウチからあちこち派遣してたんです。
タブ　お笑いとは別に？
平和　別に。その流しがどんな商売か知らんけど、呼び出し食って、怒られましたもん。その筋に。縄張りがあるのね。で、勝手にうちら、笑いもしゃべりも面白いんで、あっちもこっちも声がかかっていったらね。ある日、呼ばれて、怒られてね。

タブ　どの範囲でやられていたんですか？
平和　ミナミです。キタはやってない。ウチは流しでも専属契約をしてたんです。1日4カ所とか。夕方8時から12時まで4回、12時半から3時まで3回、とか店に行かせてた。
タブ　システム化してたんですね。
平和　そう。それを当時の音楽ショーのグループをね、楽器できる人を集めてた。結構、お客が喜んでくれたんです。それが悪かった。呼び出し食ってね。その筋の人から、同じ商売なら埋めてしまうけど、お笑いの漫才師やから、許したるって。まったくわからんかったね。
タブ　みかじめ料とか払えばOKになるんですか？
平和　あとで聞いたら、ウチの事務所に入らんかってことだった。
タブ　あのメンバーはそういう人たちだったと。
平和　そう、ウチからみな、あちこち派遣して。
タブ　そういう形態にしろ、ってレコード会社からいわれてた感じではないんですね。

自主盤で出した500枚

平和　当時はね、ぴんからもそうですけど、乗せられてね。どうやったかな。25万円くらい払ったかな。500枚くらいこしらえたんです、自主盤で。バンドも譜面も読まれへんで、このリズムで、曲はメジャーで、こういう感じでイコカ、って譜面読めへんし。

タブ 自主制作でレーベルもない感じだったんでしょうか？

平和 ああ、まったくない。ジャケットもない。あとで考えたらジャケットがいるで、となって、とにかく作ったらいいと思っただけで、ジャケットどないしようとなって、当時、吉本でジャズマンガをかく木川かえるさんに頼みに行ってね。コーヒーでも飲みませんかってコーヒーもってって、お前、コーヒー1杯でそんな描かすんか、といわれたけど、描いてくれたんです。

タブ それで自主盤が存在するわけですね。

平和 それをたまたまマスコミや店に送ってたんや。中に1枚、大坂の堺有線があって、あずけてもらってたんですけど、ずっと1位でかかってた。それをレコード会社が捜してたんですな。

タブ 有線で話題になっていたんですね？

平和 当時ぼくは漫才をやめてましたからね。弾き語りのお店専門になってましたからね。

タブ あ、もうお笑いはやめていらしたんですね？

平和 誰じゃ誰じゃでぼくのところに来て、最終的にクラウンさんが、これ出したいからって、10月に来て12月25日発売ですから。そのときぼくらが作ったレコードと、はじめてアレンジャーが入って作ったものがまったく違うんですよ。これ、誰のや、言う感じ。

タブ 自主盤の時はどんなアレンジと伴奏だったんですか？

平和 勝手にこういう風につけて、リズムも合わせてくれって。

タブ 編成なんかは？

平和 ギターとドラムとベースとエレクトーン。

タブ レコーディングした場所はおぼえてますか？

平和 場所はどっかの「とーろく」さん。東京録音って小さいスタジオがあったんです。

タブ レコードとしてプレスしてくれたのは？

平和 どこでやったか知らんです。そこで頼んだんです。そこで500枚作ってくれって。あがってきたらジャケットがないんです。

タブ ジャケットもなく、B面には何を入れたんでしょう？

平和 裏をどうしようかと。今の福団治さん、当時、桂小春さんいうてたんです。たまたまペケペン落語というのをやってたんです。ペケペケいうて落語と歌をまぜたのをやってて、それがバカウケしていたんです、それで、レコード作ったんやけど裏がないから入れへん？　と言ったら、あ、入れるってなった。

タブ じゃ、その方のネタが入ってるんですか？

平和 そうそう、面白いんですよ、小噺ですね。

タブ その自主盤は今もおもちですか？

平和　よーくね、あると思うんねんけど、あちこちの放送局が使わしてくれって返ってこんのもあるし、捜せばあると思うんやけど。

タブ　まったく出回っているのと違うバージョンですよね。それをみなさんが売って歩いたんですね？

平和　そう、売ってたん。

月80万稼いでた！

タブ　漫才のコンビ別れは、どんな感じだったんですか？

平和　ケンカではないんです。ただ、当時は大学の初任給が5万円くらいのときやったと思うんです。その時分ね、うちのメンバー80万くらいもろうてた。

タブ　ええっ！　すごく儲かってたんですね。

平和　そう、1カ所、1回30分を4カ所でやってたんです。給料が18万とかで4カ所ある。へんな話、カネはあるわ、女のこはおるわ、酒はあるわで、みんなつぶれていきます。だから、そういう味を知ってるから、はじめてクラウンで給料もろうたのが5万円ですよ。1年くらいでみんな音を上げますわ、こらできんて。

タブ　今、メンバーのかたはお元気ですか？

平和　お元気じゃないですけどね。1人は腎臓とってるし、板東はるひこは奥さんの腎臓もらってる。中川は元気ですね。

タブ　芸能界にいらっしゃる方もいるんですか？

平和　いや、おらんですね。

タブ　ダークホースはレコードは何枚？

平和　2枚です。『宗右衛門町ブルース』と『女の舟唄』ですね。この2枚。

（著者注・このあと『関門ブルース』というのも発売されていたのが確認されました。なぜか平和さんもメンバーの写真もない関門大橋ジャケ）

タブ　解散してしまったんですか？

平和　解散に近いですね。もうこれは生活できんということで、大阪に帰って、80万が5万だから。

タブ　あんなに大ヒット飛ばしても。

平和　うちはクラウン専属やから給料としても微々たるもんやから。

タブ　東京には進出しなかったと。

平和　しなかったですね。

タブ　東京の歌番組に呼ばれたことはあったんでしょうか？

平和　しょっちゅうありましたね。行ったり来たりで、定宿のホテルもありました。

タブ　出られた番組は？

平和　ワイドショーとかが多かったですね。朝のとか。『夜のヒットスタジオ』も出たンとちゃうかな。『11PM』も。

タブ　所属事務所はずっとクラウンだったんですか？

「僕もよくわからないです」なまま解散、モンローズ。

平和　いえ、ぼく個人です！　クラウンという話もあったけど、もうクラウンに預かってもらってやるいうたら、大阪離れて仕事もなくなるで、みんな不安がった。とりあえず仕事はクラウンからもらうけど、1本契約にしよ、て。

タブ　解散しようっていいだしたのは？

平和　自然とですね。

タブ　クラウンからは何もいわれなかったんでしょうか？

平和　クラウンも、ぼくが出るためにこしらえたグループだから、一緒に苦労したわけやないし、うちの若いもん、こいこいって連れて来ただけだからね。

タブ　ジャケット見ると仲よさそうですが……。

平和　仲いいですよ。その当時、お金があるの、それを全部捨てて東京行くいうのは、僕はできたけど、やっぱり他は無理でしたわ。

タブ　曲としても平和さんさえいらっしゃれば、あとは誰が居てもかわらないというか。

平和　そうそう。会社もそういう見方してたから、平和さんだけじゃ淋しいから、後ろに誰がつけよう、いうね。

タブ　ちなみに勝一さんのサポートはなかったんですか？

平和　彼は漫才をもう別にやってましたから。この前、堀川のエビスさんにお笑いの人皆集まって、僕も今年行ったんですが、ラッパもおったけど。

タブ　ラッパさんいらっしゃったんですね。懐かしかったでしょうね。

平和　ぼくが75やから、彼は78くらいだ。

ダークホースの次はモンローズ

タブ　ダークホースのあと、モンローズというグループを組まれていますが、あれは……？

平和　それも会社からです。クラウンから。

タブ　あの女性2人はなんなんですか？　どういったつながりだったんでしょう？

平和　僕もよく解らないです。『高知より愛をこめて』と『夜の蝶』2曲くらいかな。

タブ　ぼく前に沼袋の飲み屋で、お客さんに『高知より……』のレコードをいきなりいただいたことがあります。どこか四国のスナックのジュークボックスに入っていたとかで。

平和　あれはもともとは『大阪より愛をこめて』だったんですよ。それがたまたま高知の人が、ペギーさんの以来、高知の歌がない、これを何とか売りたいっていうて、会社とその人が交渉して、高知の曲で出したんです

タブ　作家の人もOKしてたんでしょうか？　確か星野哲郎先生ではなかったかと。

平和　あれをダークホースの2曲目にもってってたらよかったんですよね。会社のほうは地方の曲で大阪ばっかり出しても売りもんがないって、社内会議で、何にも関係ない『女の舟唄』にしよかって、最初は『大阪より愛をこめて』でいくつもりだったけど。

タブ　そちらの方が第2弾で売れた気がしますね。残念。ちなみに、ダークホースの命名は？

平和　誰が考えたのかな。

タブ　平和さんご自身じゃなかったんですね。モンローズのほうは？

平和　よくは知らないけど、この歌でやれ言われて、ぜんぜん知らない人なんで。ぼくのうしろで踊ってくれたり、コーラスつとめたり、あとは演歌でなしに自分のうたを唄ってましたね。ただ見栄えがいい。それで喜んでくれた人もいるんですよ。そういえば、あの石井光三さん。喜んでくれて、大阪におるとき、うちら引っ張り回しましたよ。仲良かったからね。

タブ　もともと石井さんも確か役者さんでしたよね。

平和　そう。もうモンローズええわって、連れ回してね。

タブ　そのころから石井さんは有名で？

平和　はい、松竹芸能の石井いうたらね。

タブ　話し戻しますが「トップホットシアター」は、よく出ていたんですか？

平和　ぼくらはたまにやね。せいぜい2カ月に1回くらい。ぴんからは月に10日は出てたんちゃうかな。

タブ　『女のみち』が売れたころは盛り上がりましたか？

平和　そら、お笑い芸人は人情味あったな。嫉妬なんか全然なくて、「大阪の芸人が歌出して大成功」なんて、みんな喜んだ。お笑いの地位上げてくれたいうてね。

タブ　『女のみち』の自主盤については謎だったんです。ジャケットを見た人が誰もいないとか。現物観た人がいなく

この人懐っこい笑顔で全国をチャリティで行脚されています。素晴らしい。

て。

平和　スポンサーがおカネを出してこしらえたんですよ。

タブ　スポンサーっていうのは？

平和　まったくわからないです。ジャケットはスポンサーがポンと出て、プライベート盤ですね。

タブ　資料によると500枚くらい作られたんですか？

平和　そうです。ぼくらと一緒くらいです。

タブ　宗右衛門町で思い出の深い場所なんかはありますでしょうか？

平和　宗右衛門町はキタ、ミナミ含めて、一番格式の高い場所なんです。あの、色町ですかね。昔は昼間から三味線や太鼓の音がしてました。大きなキャバレーもあってね、「メトロ」とか。

タブ　「メトロ」は今はもうないですよね。

平和　今はホテルになってますね。1000人から2000人入るところでした。女のコも100人単位でいて。大阪で一番大きな店やったんちゃうかな。

タブ　『宗右衛門町ブルース』売れたあとはショーとかやったんでしょうか？

平和　「メトロ」でやりました。宗右衛門町でホテルはそこしかないですから。レコードの新曲発表会やったんは、焼き肉「食道園」の3階で、クラウン主催でマスコミ集めて、やったんです。そこには1カ月に1回は今でもいってます。昼間にちょこちょこ行くんですが。

タブ　いきなりバーッと売れた感じなんでしょうか？

『宗右衛門町ブルース』は実体験から生まれた

平和　大阪の人は『宗右衛門町ブルース』、レコード出る前から知ってました。毎日毎日、舞台でやってるもんやから。それでもって有線でもジャンジャン流れるでしょ。最初あれ流れたとき、「あ、これきいたことあるな」と。

タブ　売れる前に街で自分の歌だと気づいて。

平和　それが初めてですよ。あ、ぼくの歌やなと。昼間に流れて。ただあの時分、応援してくれました。大阪有線さんね。他のいろいろな有線と競合してる時にね、ウチが入ってる店紹介して、社長さんからえらい喜ばれたりしてたし。

タブ　もう売れることが約束されていたような。

平和　もう、発表したときにはほとんど大阪では知られてました。ビックリしたのはクラウンから1カ月、宣伝カーきたんですよ。それで曲流しながら街を回るんですよ。一晩に1000枚単位で売ってくれるんですよ。1枚2枚とちがうんですよね。店が外で呼んでくれるんですよ。100枚単位で。置いとく感じですよ。夢のような話ですけどね。あとで、売ってくれるんです。クラウンの人もビックリしてました。

タブ　回ったのはどのあたりだったんでしょうか？

平和　大阪全体。キタも行きましたし、当時、ニチイゆう大きなスーパーもありましたしね。とびこみでやるんですけど。あの時分は、大阪から出た歌手いうたら、そういなかったし、珍しさもあるんでしょう。大阪いうたら、大阪の気持ちがあるんですよね。

タブ　大阪のうたはフランク永井とかピーナッツとかうたってたり。でも大阪人じゃないですもんね。

平和　大阪の歌はぼくだけですよ。そういう人情味はありましたね。

タブ　作曲の山路進一先生はお元気ですか？

平和　何年も前に亡くなりました。酒が好きで、「『宗右衛門町ブルース』の山路進一です」が口癖でした。

タブ　トラブルみたいなのはなかったですか。『さよなら　さよなら　さようなら』の件で。

平和　まったくなかったですね。ぜんぜんトラブルにはなってないです。

タブ　北原謙二さんとお話になったことは？

平和　なかったというか、ご病気で体がお悪かったようで。番組で1回はご一緒したことはあるんですけど、話はしたことがない。ぼくもほんま、声かけに行きたかったけど、先輩ではあるし、曲に関してはまったく問題なく。

タブ　あの歌詞は実話に基づいているんですか？

平和　そうなんです。夜2時くらいに終わるでしょ。ほな、お客さんを送り出すでしょ、ホステスさんが。それで入り口で、今度いつ来てくれる、また来てよって。たわいない、で、別れて店の中に入る後ろ姿の寂しさ。あ、子供連れに行かなあかんなとかって。ぼくは酒よう飲まんけど、ああいうところで酒ついでもらったらいいやろなって。

タブ　そういう気持ちで詞がいいから大ヒットしたんですね。

平和　あれはね、ほんま、2時間くらいで出来たかな。ぼくは当時甲子園に住んでたんですけど、終電車に乗り遅れたんです。朝は4時から5時まで待っておらなならないでしょ。おカネもない時分で、時間つぶしにキタとミナミと御堂筋のあたりを歩いていたんですよ。たまたま出くわしたのが宗右衛門町の店の前で、ホステスさんが客に愛想ふりまいてたの見てたり、ああ、ああいうところにおカネ儲けて飲みに行きたいなとか、だから簡単に出来た。苦労して作ったもんやないです。1番はできた。もう2番3番のが出来るのがちょっと長かったね。

タブ　リアルなホステスさんたちの言葉だったんですね。

平和　そうそう、そのまんまなんです。帰り、さいなら、さようならでしょ。それがそのまんま詞になった。逆に2番3番がね、これつなげていくのどうしようかなって。

タブ　それ以降は作詞はされなかったんですか？

平和　何曲かアルバムの中には入れてますけどね。やっぱりクラウンいうのは専属制でしょ。だから人の職場に入ったら意に反するいうことでやってない。

タブ　モンローズのあとはどういう活動をされたんですか？

平和　モンローズのあとにね、ちょっとだけサラブレッドいうのができたんだけど、それもうちの例のメンバーみたいなもん。これでがんばっていこう、いうものではないんですね。

タブ　『宗右衛門町ブルース』はそれにしても息が長い名曲ですね。

平和　いろんな人が出してるから。去年は加山雄三さんも出してくれた。

タブ　特に、店を閉める時にあの曲を流す店が、今でもとても多いらしいですね。大阪に限らず、夜の世界で生きる方たちのスタンダードだと思います。きょうはありがとうございました。

＊＊＊＊＊＊＊＊＊＊＊＊＊＊＊＊＊＊＊＊＊

♪きっときてね～と～　あのいきなり酸いも甘いもかみ分けたような名唱を聴くかぎり、夜の巷の煤けたヤニまでも皮膚に沁み込んだ人物が想像されますが、平和さんは酒も煙草

もやらない肌艶も万年湯上がりたる堅実なお方。お話を伺えばそんな真面目な勤め人気質だからこそ、夜の蝶たちの哀しみがふとネクタイを緩めた瞬間にすきま風となって身体に沁み入り、人口に膾炙したということなのでしょう。「平和さん」そんな夕刊の4コマ漫画があったら読みたい、山里に帰るその後ろ姿を見届けて、いざ我々は大阪のコテコテ繁華街にまっしぐらです。

ふと見ると山中さんは神妙な面持ち。「新曲発表は焼肉屋ですか……。行くしかないですね」やったー！ の「や」の部分ですかさず「あ！」と重ねてきてワリカンですよ！ と山中さん。ワリカン瞬発力世界一。

「よっしゃ！ 一攫千金じゃあ～！」このあと飲みに繰り出したであろう若者たち。

大ヒットから２年足らずにして「いなかったこと」になってしまったようなジャケット。

●コラム

◆大阪聖地巡礼

~酩酊の大阪篇

平和さんとお別れし、そのまま平和農場産地直送のように大阪市街地へと流れます。このパターンの巡礼はめずらしいかも。まだ新年明けて2週間ほどの大阪の街、いまこの稿をしたためているのは実はれいのコロナ渦中にありまして、当たり前のように巷で袖触れ合っていたあの頃が何だか夢のようです。アクリル板越しに漫才をやる時代になったらどうしよう。本気の喧嘩になってアクリル板の角っこを凶器に流血漫才になったらどうしよう。いや、大阪の街はいかなるこの世の災いもジプシー・ジョーのようにケロリと受け流し、さいごは鉄板焼か串揚げにしてとっちめてくれることでしょう。ちなみにジプシー・ジョーは好物のカツ丼を「カチドン」と発音していたそうです。なんのこっちゃ。

" 大阪に来たなァ " と実感するアーチ。

記憶の中の繁華街が頼もしく喧騒を鳴らしてくれる中、宗右衛門町のアーケードで記念写真を撮っている、どう贔屓目に見ても人生の「勝ち組」ではなさそうな2人がおります。そしてやや歩を進めた一角で1人が突如鉄柱攻撃を受けたが如く打ちのめされました。

「うわー! だめですね、これは」と山中さん。「そ、そうですねぇ……」と解説席のぼく。『宗右衛門町ブルース』の新曲発表会をやったという焼肉屋の屋号を難なく見つけたのですが、フトコロ事情に多難あり。そこは山中さんのワリカンコンピュータをも即座にショートさせる高級感をたたえていたのです……。

こんな時だけはあうんの呼吸で時間の無駄遣いをしないのが我々の信条、さっさと写真におさめてお腹は空のまま次に移動です。浮遊霊のごとく次に向かうは「キャバレーメトロ」。

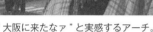

こんな看板を見つけてしまったひにゃあ……。

平和ラッパさん。自分が心なしか「春やすこ」かなんかにみえます。

世界一、大したものを指ささない２人。

それにしてもここ大阪もやたら工事中の物件が目につきました。大きなビルが壊された跡の、隣接した雑居ビルの白茶けた壁面には永らく陽の目を見なかった今は亡きスナックや雀荘の看板などがむきだされ、世の中なんて実は表づらだけのハリボテなんだなぁといった感慨にむせぶことが最近よくありますがこの時もしかり。日頃からそんな〝この世のほころび〟にこそ心血をそそいでいるぼくには嬉しい光景なのですが、残念ながらキャバレーは時代の大怪物ゆえ転用が効かないようで全壊あるのみ、持て余された跡地は広さ的にリゾートホテルに様変わりすることが多いようで、我々にとって一生何の用もないブルジョアジーな威容が想像されます。

「ここですかね……」

それらしき近代的な建物を見つけるやすかさず山中さんがフロントへどかどかと訊きに行っている間に、ぼくは♪メトロは今日も終列車～（井上ひろし）と歌いながらひらひら周囲を泳いで勝手にエンディング気分。おそらく山中さんもお腹が空いているのでしょう。大阪の魔力にじりじりと早く火の酒で胃を焦がしたくなってきました。

実は宗右衛門町にたどり着く前にも、「トップホットシアター」跡地をさんざん右往左往したあげく、最終的に「時間貸駐車場」の風に吹かれただけの悲しい結末もすでにたずさえてきたので、果たして確定とわかるや撮影もそぞろに巡礼完了。はなからここが目的地だったかのような大衆酒場「正宗屋」に2人してなだれこんでおりました。「えっとおでんは……とりあえず左から片っ端から頼んでみましょう」わ〜やめて。安酒屋でワリカンとなると途端に将軍となる山中さんなのでした。

……とここでとりとめもなく終わるはずが思わぬ続きが。酒場を出てそれぞれのねぐらへ帰るべくふらふら歩いていると、そこに「平和ラッパの店」なる看板が灯っているではありませんか。ラッパさんといえば、かつて平和勝次さんとコンビを組んでた平和勝一さん！「や、山中さん、あれは……」「アルコールの幻覚でないでしょうか？」渋る山中さんを解き伏せて、宿命のように重い扉を開けた第2幕。人生の酸いも甘いもなめ尽くしたラッパさんとお弟子さんの濃すぎる芸人酒、トップホットなお湯割りがそこにありました。山中さんももはやレポートの筆記をはなからやめています。この時ばかりはそれが正しい。

今ぼくの手元にも「若葉トリオ」「中田軍治は気が弱かった」「二階建て漫才」「アホかー」などとよれた文字が無数にひしめくわけのわからない紙片が残るばかり。頭はぐるぐる大阪環状線のなか、因果鉄道で勝手に結ばれた奇跡の「勝一勝次コンビ復活」。山中さんの思わぬ出費にちょっとイタそうなお顔はさておき、素晴らしき平和の神からのおまけにすっかり「勝ち組」となった大阪の夜でありました。

45歳と65歳。これが何も背負ってない男の背中です。

＊カルトコーラス残響伝④

～三浦正弘とアロハ・ブラザーズの巻

〝カルト〟だなんて、ここでは特に失礼な物言いなのですが、〝日本初のファミリーグループ〟として現在もご活躍中のハニーシックスさん、その前名であります。去年の暮れのこと、アシスタントとして出演しているラジオ番組にて、偶然にキャンペーンでリードツインボーカルの三浦久雄さん、京子さんのお2人がゲストにいらしてくださり、幸運にもお会いすることが叶いました。そのキリッとしたクールビューティーな容姿から寡黙な印象を一方的に持っていたのですが、お会いするやお2人ともとっても明るくフレンドリーに、そして飾らぬ下町の人情風情に包みこまれ、図々しくもお願いしてご一緒にデビュー曲の『失くした真珠』をご唱和いただく幸せにも授かりました。

まもなくわざわざ郵送で自宅に謹呈くださった『ハニーシックス物語』（河出書房新社）にはその滲み出る暖かさがご両親のたゆみない愛によるものだということが窺い知れ、音楽に興味ない方でも〝ファミリーヒストリー〟として、日本人が忘れているような心を思い出させてくれる屈指の名著でした。ぜひご一読いただきたいのですが、ここではあえて〝カルト〟な視点から、ムードコーラス唯一無二の「放送禁止歌謡」を放ったグループという側面、そしてムードコーラス本来のルーツであるハワイアン音楽の衰退、その起因ともいえる空前のＧＳブーム被害をもろに被ってしまった世代として、ネガティブな題材で申し訳ないのですが、その影にあえて光を当てるべく改めて電話インタビューをさせていただきました。

予備知識としてまず「放送禁止歌謡」というのはディープな歌謡マニアには有名な『ラリラリ東京』という昭和43年に

デビュー盤にして、いきなり「失くした」って……。でも名曲。

出された3枚目のシングルのこと。タイトルからしてその時代背景には「昭和元禄」と謳われた能天気でハレンチ、アングラな風俗があると思われますが実はこの曲、その憂き目に合うまではなんとヒット街道を約束されたような展開があったことが判明。同時期に発売された『恋の季節』をも凌ぐプレス枚数、メディアへの出演も殺到していたなかでの、キャンペーン先の名古屋の地で所属事務所から突如の命令、「帰ってこい」。以後ぱったりと唄うことを封印されたのです。

その〝ラリラリ〟が「ラリる」を想起させ、若者に蔓延していたシンナー遊びを助長すると見なされて……。

久雄さんが振り返ります。

＊＊＊＊＊＊＊＊＊＊＊＊＊＊＊

あれはね、当時はがっかりだった。メンバー一同とにかくがっかり。（笑）そもそもは、信楽順ってとにかく風変わりな男が（70『タリラリランブルース』で歌手としてもデビュー）ポリドールによく売り込みに来てて、それで持ってきたのを偶々聴いて「これ面白いんじゃない？」って。単純にその感覚だったから。

でもね、後から思えばプロになってまだ右も左もわからない頃でしょ、あれが弾みで売れてなくて良かったとも思います。兄弟という話題性でアマチュアではちやほやされたぶんそのあと散々苦労したおかげで、今があると思えるからね。それでもあの楽曲は当時このままでは惜しいっていうことになってね、兄の正弘が仲良かったディレクターが東芝にいたのかな、それで単発ならやってもいいよって話になって楽曲契約で、ラリラリが駄目ならこれならいいだろうって出したのが『イライラ東京』（笑）。名前もハニー・ブラザースに変えて出したんだけど全く売れませんでした。妹の京子はまだ

四面楚歌の自作自演盤が起死回生の円盤に。

ラジオ日本にて。京子さんのソロデビュー盤はまだ少女のよう。かわいい。

正式加入じゃなかったんでため息だけ（笑）。

因みにその頃手伝いみたいにしてマネージメントしてくれてたのが後に別人か？　とびっくりした宇崎竜童さんでね。で東芝も見切りをつけたのかそれ1枚しか出してくれなくて。

殿さまキングスが自主制作で今度は『メロメロ東京』ってつくったのはそのあと。殿キンとはもともと仲良くてね、メンバーのそうべえさんって、彼の兄がバッキーさんとこにいた多田幸之助さんでアマチュアの時から可愛がってもらってたの。そんな縁で、リーダーの長田さんなんかも「その曲面白いね」なんて言っててそれで作ったんだと思います。

殿キンはさらにメジャーになってからもメロメロを焼き直してるけど駄目なものは駄目（笑）。やっぱり一度手垢がついちゃったもんは駄目なんだよねぇ。

グループサウンズはね、ちょうどデビューが同時期だったでしょ。だから随分共演しました。例えばポリドールの青山の、バラックみたいなスタジオだったんだけどある日行ったら髪の長い、それこそ浮浪児みたいのが何人かごろごろ寝てるんです。こらっ駄目だよこんなとこで寝てちゃ、なんて注意して「あ、すみません」なんて言って。それからまもなくしてテレビ見てたらその青年が唄っててびっくりして、それがタイガースのジュリーでした（笑）。まだあの時上京したてだったのかもしれないね。

スパイダースは富士宮文化会館で一緒になりました。あの時マチャアキさんのお父さんの堺駿二さんが亡くなった日だったんでよく覚えてます。スパイダース目当ての若いお客さんばっかりだったから、我々になるとお客さんシーンとしちゃってね。そのうちあまりの白けぶりにクスクス笑いが起きたりして（笑）。

あのドラムなんか声ひっくり返っちゃうやつ、お前のすべて～なんて、そうカーナビーツは赤坂会館でジョイントだったし、本牧ではゴールデンカップス。ステージで煙草ふかしながらやってるから「なんだありゃぁ」なんてびっくりして（笑）。

あとトンネル抜けて～なんていうのも、昔は映画館で映画の合間にステージなんていうのもあったんだよね、北海道の旭川で一緒でした。

＊＊＊＊＊＊＊＊＊＊＊＊＊＊＊＊＊＊

わ～、ダイナマイツとも対バンだったなんて。過激なソウルフードにホットケーキのカラメルを垂らすようなコラボです。皮肉にも甘すぎるサウンドは辛酸をなめるようになった時代。リーダーである絶対的な長兄の号令のもと、新入社員、或いは内定を貰い社会へと羽ばたきつつあった弟たちが否応なしに芸能界へと引きずりこまれた頃、ハワイアン界のバンドマンたちは仕事を失い遅れた就職探しを余儀なくされていたという現実。

しかしそれによって、長兄の正弘さんは歌謡曲路線へと腹を括り、三浦弘として『今夜はオールナイトで』『よせばいいのに』『お嫁に行けない私』など数々の名曲を紡ぐことになります。

現在弘さんはプレイヤーからは退いていますが、残された兄妹一同、長兄への感謝と尊敬の念を常に忘れず持ち続けていることが、今春に観に行った京王プラザホテルの盛大なディナーショウでも窺い知れました。お２人には自分の担当ラジオ番組にもあらためていらしていただいたのですが、失礼ながら京子さんの可愛いらしさ。ちょっと「かりてきた猫」のような。末っ子の紅一点、子供の時から変わらぬいつもおっとり、ほんわかとした天然さに兄たちはずっと救われてきたといいます。

明治生まれのご両親にいつも「兄妹仲良く」と教えられ、田端の派出所で音楽とともに育った皆さんの絆エピソードは枚挙にいとまなく、ぼくのような駄文より本当に先の著書を是非ご覧いただきたいのですが、さいごに。

偶然にもぼくと全く同じ日に新曲をリリースされた皆さんも、まもなく押し寄せたコロナ禍にはどう向き合われていたのでしょう。久雄さんは現状をお話くださいました。

「ほんとにねぇ。これだけ唄わないのは初めて。子供の時から当たり前のように唄ってきて、唄えないのがこんなに淋しいとは思わなかった。でもね、今年55周年でそのパーティー、

今や中古屋の買取額もうちの家賃をこえます。

これだけは何とかやりたいと思ってます。今日も兄妹揃ってちょうどミーティングしてたよー。お互いがんばろうねぇ！」

ゴーゴーハニーシックス！　苦労の発端となった「ラリる」には〝乱離〟という、国が乱れて人々が離散する、という意味を持つ言葉が語源の説もあるそうですが、このコロナ禍で日本も一度0に戻って、本当に大切なものを見つめ直す必要があるのではないか？

ゆえに『ラリラリ東京』は脳みそを溶かす極上のロックンロールとして、これからも再評価されていくことでしょう。

とはいえ、ハニーシックスの皆さんは勿論これからも「兄妹仲良く」、乱れた世の中からいつも遊離した永遠ハワイアンな存在であられる事を感じ、ぼくも人生が頼もしくなりました。

ラリったりイラったりメロったり。美しき情緒不安定３部作。

宮本悦朗、クール・ファイブを語る

宮本悦朗

＊＊＊＊＊＊＊＊＊＊＊＊＊＊＊＊＊＊＊＊＊＊＊＊＊＊＊＊＊＊

昭和23（1948）年長崎県出身。昭和42年に結成された内山田洋とクール・ファイブにピアノ、キーボード担当として加入。44年には『長崎は今日も雨だった』でレコードデビュー。同年、第11回日本レコード大賞新人賞獲得。

薄い頭髪とメガネがトレードマークで、バラエティ・タレントとしても活躍。

冷たい雨のそぼ降る幕張駅。今日お会いする方の為の演出か、行けど切ない石畳……石畳なら情緒もありますが、昨今の近代駅はどこもみなタイル張りの高架から同じようなチェーン店が広がるばかりで心は冷えるばかりです。

こんな場所には到底用の無さそうな山中さんが現れました。

「えっ、傘ないんですか?」

常日頃から山中さんのことを変人扱いしておりますが、こんな朝からどしゃ降りの日に傘を持っていないぼくもよほどの変人。山中さんが傘スペースを申し訳程度与えてくださりホテルまで相合傘となりました。たぶん変態な絵づらです。

「いやぁ、カミサンからね、あんたもっと著者を大事にしなさいって叱られましてね」

このくらいは当然ですよ、ということか。だったらタクシー拾いなはれ、と心の中でツッコミつつ2匹の凸凹濡れ鼠は高級そうなホテルに浸入しました。今夜はこちらにて「前川清とクール・ファイブ」のディナーショウが華やかに催されるのです。もちろん観ません、観れません。楽屋にだって入れません。出番前のお忙しいさなか、クール・ファイブのメンバー宮本悦朗さんが、我々の為に楽屋から出てきて接見してくださる約束を山中さんが電話で取り付けてくださったのです。

ある意味取り付けるのが難しそうなことを得意とするのが山中流。果たして我々を見つけてにこにこと近づいてきた紛うことなき宮本さん。「クール・ファイブのキューピーみたいな人」といえばある程度の年齢の方だとピンとくるでしょうか。

クール・ファイブの故郷「銀馬車」

＊＊＊＊＊＊＊＊＊＊＊＊＊＊＊＊＊＊

タブ　できれば長崎の「銀馬車」と「十二番館」はムードコーラスの筆頭の聖地なので、ぜひ行きたいと思っているのですが、宮本さんは今、どうなっているか、ご存知ですか?

宮本　もうないみたいですよ。

タブ　もうなくなっちゃったんですね……。

宮本　1階はパチンコ屋だったんですよ。2階がキャバレー「銀馬車」だったんですよ。

タブ　当時からパチンコ屋さんだったんですか?

宮本　そうです。ぼくらが働いているところは。更地になったんですかね。

タブ　何か、資料によると、「十二番館」が現在はホテルとなっているんですが。

宮本　あー、「十二番館」はコロラティーノだから、それでちょっとぼくは知らないな。

タブ　ぼくらはどっちかっていうと、「銀馬車」の話をうかがいたいのですが、ちなみに「銀馬車」の跡地はホリデーイン長崎という建物のようです。
宮本　へー、よく調べましたね。
タブ　「銀馬車」時代の想い出を語っていただきたいのですが、まずクール・ファイブに入られたのは昭和何年で、どういういきさつだったんでしょう。
宮本　クール・ファイブってバンドが出来たのが昭和42年ですね。それでキャバレー「銀馬車」が職場です。
タブ　「銀馬車」専属のバンドということでしょうか？
宮本　そうですそうです。「ハコ」っていわれてる。
タブ　ハコバンド？　「銀馬車」は他にバンドは入ってましたでしょうか？
宮本　フルバンドがありました。2つのバンドで。専属で。
タブ　そのバンドはちなみに何てバンドでしょうか？
宮本　えー、忘れましたね。ビッグバンドで。
タブ　ビッグバンド。ムード歌謡グループではなくて？
宮本　ないですよ。ビッグバンド。コンボバンドっていうのが当時のハヤリで、おカネがあったんでしょうね。

「銀馬車」と「十二番館」の戦い

タブ　クール・ファイブの、最初に宮本さんが入られたときのメンバーは？
宮本　今のメンバーなんですよね。
タブ　前川さんもいらっしゃった？
宮本　そうですそうです。
タブ　宮本さんは結構後に入ったということでしょうか？
宮本　1番最後ですね。清ちゃんとぼくは1番最後で。リーダーの内山田洋先生でしょ、それとサックスの岩城茂美さん、ドラムスの森本繁さん、ベースの小林正樹さん。この4人はクラブ「十二番館」の高橋勝とコロラティーノというバンドのメンバーだったんです。
タブ　その4人が、まず「十二番館」にいらしたんですね？
宮本　だから、清ちゃんとぼくは内山田先生の弟子だったんです。アマチュアバンドで。清ちゃんが歌でね。
タブ　他の4人が実はコロラティーノの脱退組で、そこに加わったんですね。へぇ〜。
宮本　だから、わけがあって、いっぺんに4人がやめたんで、むこうはバンドにならないですよ。急いで入れないと、キャバレーだから。
タブ　そのやめた理由というのは、宮本さん、お聞きしていますか？
宮本　一応、表向きは音楽っていうけど、実はおカネとかなのかな。よくあるパターンで表向き、音楽的なちがいということで。
タブ　噂によるとコロラティーノさんは、店の外でも、様々

宮本　なトラブルを抱えていたとかって。
タブ　それは関係ないんではないですか。キャバレーのバンドですから。キャバレーを大事にしないと。ね、ギャラもらえないですもん。向こうはクラブ「十二番館」。これを大事にしないと。
宮本　向こうは、「十二番館」は、いわゆるナイトクラブなんですね。
タブ　はい。クラブ「十二番館」。ホステスさんもナンバーワン。すごかったですね。
宮本　「十二番館」と「銀馬車」さんだとどちらが……？
タブ　取り合いですよ、お客様の。
宮本　どっちも大きさはどのくらいですか？
タブ　「銀馬車」は登録してるホステスさんが140人。
宮本　基本的にお客さんが何人くらい入るキャパですか？
タブ　100人はいくんじゃないんですね。200人までいくかな。でかいですね。
宮本　「十二番館」にはいったことがありますでしょうか？
タブ　いったこと、ないんですよ。
宮本　では、「十二番館」は規模はわからない、と。
タブ　ぼくらが行ける店じゃないんです。
宮本　あ、じゃ、そっちのほうが値段が高いというか……。
タブ　高いし、ホステスさんが素晴らしい。三菱造船のお抱えのような、東京からエラい人が来たら、まず「十二番館」で接待をするという。
宮本　敷居が高いというか。
タブ　そうです。ホステスさんも凄いから。値段が高い。ナンバー2がキャバレー「銀馬車」。それで引き抜かれたんですよ。ね、いいでしょう。だから、バンド引き抜くのが早いですよ。

「清ちゃんと僕はあとから呼ばれた」

宮本　バンド作るとなると、歌を唄う人とピアノを弾く人が必要になって清ちゃんとぼくの出番になった。それが昭和42年、はい。
タブ　前川さんとは、その前から知り合いだったんですか？
宮本　それぞれ違うアマチュアバンドにいたんです。
タブ　ムード歌謡というより、どういう感じの？
宮本　なんでもやってましたね。清ちゃんはね、なんでも唄ってましたよ。
タブ　もともとプレスリーに憧れていたとか聞いたことがありますが。
宮本　そうですね。
タブ　どちらかというとロックシンガーに憧れていたんですね。
宮本　プレスリーの歌はすぐには唄えない。ちょっと難しい

内山田作品では『東京砂漠』が代表曲ですが、こちらも名曲。

ですね。
タブ　宮本さんはどんな音楽を目指していたんですか？
宮本　ぼくは中学のときからクラシックピアノ。はい。家にピアノはないのにクラシックピアノを勉強して。
タブ　クール・ファイブでもピアノとかキーボード担当ですよね。

宮本　そうです。ピアノですね、はい。
タブ　昭和23年のお生まれですよね。ということは当時20歳より前ですよね。
宮本　ハタチになる前からキャバレーで働いてますね
タブ　そんな若さでも、そのころ別に問題なかったんでしょうか？
宮本　ないでしょうね。履歴書書いたことないから。
タブ　宮本さんがクール・ファイブの前にいらしたバンドの名前は？
宮本　えーと、何だっけな、忘れたな。
タブ　GSとはちがうんですか？
宮本　ああいうビートルズとかのコピーじゃないですか、当時はね。でも僕は日本の方がいいですね。日本語だから。
タブ　小学校の時に前川さんが『テレビ探偵団』ていう番組出てた時に内山田さんは実はコロラティーノにいたんですよ、っていってたのを覚えています。ホントにそうなんだ。とはじめてわかって。
宮本　4人がやめたんです。
タブ　4人ていうのを知らなかったなぁ。コロラティーノはそれで新しくメンバー集めて再結成したんですね。
宮本　そして『思案橋ブルース』。コロムビアレコードからお出しになったんです。

上京してレコードデビューへ

タブ　その成功が最初にあって、クール・ファイブとしてはオレたちもって気持ちがあったんですね。
宮本　「銀馬車」としたらね。
タブ　あ、「銀馬車」としたら負けたくない。「銀馬車」としては対抗意識が強かったんですね。
宮本　「十二番館」には負けたくない。向こうがレコードだしてヒットしたもんだから、大変ですよ。
タブ　クール・ファイブは『長崎は今日も雨だった』の大ヒットしたあとの凱旋公演などは？
宮本　やりましたね。「銀馬車」でもやらしていただいたし、長崎公会堂、そちらのほうでもやらしてもらいました。
タブ　そうなっても、「十二番館」にはよばれないという。「十二番館」に出るってことはありえない感じでしたでしょうか？
宮本　ありえない。殺されますよ、ぼくらが。
タブ　ひぇ～。そんなレベル。宮本さんはコロラティーノのメンバーとは接点はあったんでしょうか？
宮本　ないんですよ。中井さんとはぜんぜん格がちがうんですよ。ぼくらアマチュアバンドは会いに行けないですよ。
タブ　対バンとかでも。
宮本　ぜんぜんぜん。クール・ファイブ入る前はアマチュアだから。
タブ　入られて1年くらいでレコード出した。
宮本　2年ですね。44年ですから。2年間くらいお世話になったんですね。
タブ　資料によると、最初は、だいぶ後にリリースした『西海ブルース』がデビュー曲の予定だったとか？
宮本　それもわからないんですよ。覚えてないんです。
タブ　自主制作盤をつくったというのをきいたことがあるんですが、それとかもご記憶にないでしょうか？
宮本　テープをとったことは。「銀馬車」のステージは昼間あいてるんで、そこで内山田先生が譜面書いて、覚えて演奏したのが『涙こがした恋』という。
タブ　『長崎は今日も雨だった』のB面ですね。
宮本　B面です、はい。それを彩木雅夫先生にお送りしたり、チャーリー石黒先生にお送りしたり。
タブ　自主制作盤みたいな存在は見た記憶はないんですか？
宮本　そうですね。ソニーのでかいオープンリール。あれを2つ作ってお送りしたんですね。だから一チャンネルです。演奏してコーラスもやって清ちゃんが唄って。一発勝負。それをお送りしたら、デビューしろって。
タブ　それでデビューが決まったんですね。
宮本　はい、てっきり『涙こがした恋』がA面になると思ってました。

タブ　B面になっちゃったんですね。あれも心にしみる歌ですね。『長崎は今日も雨だった』をレコーディングしたのは東京にいってからになりますか？

宮本　あれは昭和44年のお正月ですね。築地にあったビクタースタジオ。ビクタースタジオの鏡開きの日。1月8日。発売が2月5日ですよ。もうすごいですよ。

タブ　ディレクターはマヒナスターズにいらした山田競生さんですよね。その時、スタジオのほうにいらっしゃいましたか？

宮本　はい、いらっしゃいました。こわかったですよ。

タブ　マヒナの人だっていうのはご存知でしたか？

宮本　すぐわかりました。ベースひいてらっしゃる。厳しかったですよ。彩木雅夫先生もいらっしゃるし。揃ってましたねぇ、大御所が。

タブ　彩木先生という方は確かHBCのディレクターもされていた……。

宮本　そうそう、ディレクターです。

タブ　そのころまでは森進一さんとか、北海道系のGSにも曲を書かれていますね。そんな皆さんの見守る中でのレコーディング……。

宮本　そうですね。これも一発なんですよ。

タブ　一発ですか！　すごいなぁ。

宮本　はい、みんな一緒なんです。大変ですよ。声がふるえますよ。

タブ　その当時はみんな一発レコーディングという感じだったんでしょうか？

宮本　一発ですよ。だれかがまちがえたら大変です。また頭からやんなきゃならない。

タブ　あとで修正したりとかも、まったくないんですね。

宮本　ないんですよ。歌間違えたからもう1回やろう、なんてありえないんですよ。

タブ　こっちの音とこっちの音をくっつけようなんて、そんな操作も……。

宮本　ないんです。あり得ない。昭和44年、そんなもんですよ。1月8日にレコーディングで2月5日に発売。

ブレークのきっかけは『お昼のゴールデンショー』

タブ　あわただしい新年ですね。プロモーションをされたご記憶は、キャンペーン回りなどもされたんでしょうか？

宮本　キャンペーンは回ったんですが、ぜんぜん売れないですよ。

タブ　いつごろから火がつき始めたんでしょうか？

宮本　夏ぐらいかな。あのナベプロのおかげでね。チャーリー先生、そうでしょ。東京パンチョスのリーダーで、ナベプロですから。チャーリー先生が棒ふっていた番組があるんですが、『お昼のゴールデンショー』。そこに出していただいたんですよ、ナマで。

タブ　あ、『お昼のゴールデンショー』がきっかけで、ということは、その時からコント55号とも知り合って？

宮本　そう、欽ちゃんたちが司会でね。

タブ　その番組に出なければ、ひょっとして……？

宮本　レコード売れないですね。そこがキーポイントですね。あれからもう、レコード会社の人が大喜びでね「おい、みんな聞いてくれ。きょうは3万枚売れたぞ」もう、違うんです、桁が。あの番組はすごい人気ありましたからね、「欽ちゃーん」って。

タブ　萩本さんと坂上さんがでると、もうネタがきこえないくらいだったとか。1週間まるまる出ていたんですか？

宮本　そうですね。月火水木金と。世間が変わりましたね。

タブ　それは大きいな。そこから見違えるようになられて。その前に帰ろうかと思ったこともあったとか。

宮本　そうです。それだけレコード売れないですよ。北海道までずっとキャンペーンで行ったんです。

タブ　キャンペーン一緒に回ったのは？

宮本　ぼくらだけですね。

タブ　同じRCAビクターのムードコーラスだと、最初は渚一郎とルナ・ジェーナというのが売り出されたんですが、面識は？

宮本　名前はお聞きしたことがあったんですけどね。「銀座の恋の……」なんだったかな。

タブ　『銀座の恋をサッポロに』ですね。でも、ちょっと売れなくて、どちらかというとこちらが期待されていて、クール・ファイブのほうが化けてしまって。GSだとリードとかブルーインパルスなんかは？

宮本　きいたことありますね。

タブ　藤圭子さんとかがそのあとになりますね。

宮本　そうですね。70年ですね。

タブ　クール・ファイブと藤圭子がRCAの社風をかえてしまったとか。もともとGSとかそういうのを売り出していたと思うんですが。ブルーインパルスも、『メランコリー東京』でムードコーラスにされちゃって。せっかく『太陽の剣』でそこそこ当たったのに、と元リーダーの湯村さんが嘆いていました。ムード歌謡にしたのは、ある意味、クール・ファイブのせいだって（笑）。

宮本　やはりクール・ファイブはディレクターの山田さんの力じゃないんですか。そう思いますよ。

タブ　山田さんは『長崎』のあともご一緒だったんですか？

宮本　もう、しょっちゅうです。次から次へと出るわけですから。

タブ　ずっとじゃあ、ディレクションを。

宮本　そう、最後まで。
タブ　最後までされてたんですね。山田さんはご存命のはずなんですが、その後のお付き合いは？
宮本　えーと。電話番号は知ってますけど。2、3年前にお会いしました。元気です。
タブ　ムードコーラスの方々とはつながってらっしゃいますか？
宮本　えー、番組でたまにご一緒するとかがあるんですが、NHKとかご挨拶させていただいて、飲みに行くとかはないんですけど。
タブ　ちょっと世代が違いますしね。

クール・ファイブはバンドマンの集まり

タブ　全盛期、1番お仕事してた時期はとにかくお忙しかった？
宮本　クール・ファイブは安定してましたね。お仕事をしてたのは、お仕事をくださる業界の方がだいたい10人いらっしゃって、1人の人が年間10本取るんですけど、ちょうどいいくらいで、事務所のほうもやっていけて、ぼくらの体力ももつというね。
タブ　でも1年中、ほとんど休みのない感じなんですね。
宮本　何十年もやって来たんで、そのペースで。
タブ　宮本さんは独特の存在感でタレントとしてもご活躍されて。
宮本　ぜんぜんぜんぜん。
タブ　確か、宮本さんは映画にも出られて。小学校の頃だったかな、三宅裕司さんの『恐怖のヤッちゃん』、面白かったです。
宮本　ほんと苦労しました。役者はやるもんじゃない。
タブ　クール・ファイブはチームワークが素晴らしいですよね。その秘訣は？
宮本　なんですかね。音楽でつながってるんですね。あの、利害関係じゃないんで、音楽っていうのは。
タブ　皆さん、根っからのミュージシャンで音楽がお好きっていう……。
宮本　そうなんです。歌手じゃなくて、ぼくたちはバンドマンだから。
タブ　クール・ファイブのライブとかきくと、むちゃくちゃ演奏もすごいんですよね。個々のボーカルも素晴らしい。
宮本　そうですか。初めてほめていただいた。うれしいな。やっぱり「銀馬車」の2年間が大きいんじゃないですかね。毎日練習しましたから、昼間ヒマでしたからね。毎日、もう昼の1時から「銀馬車」のステージで、2、3時間毎日でしたね。で皆さん、家に帰って、支度をしてからいらっしゃる。
タブ　1日は何ステージやられていたんですか？
宮本　7時から55分くらいやって、ビッグバンドが55分くらいやって、というのを3回くらいやって、12時くらいになりますかね。

タブ　内山田洋さんを先生とおっしゃってますが、そのころから先生という立場だったんですか？

宮本　はい。こわい先生でしたよぉ。

タブ　どのように厳しいんですか？

宮本　はい。まちがったコードなんかやっていると、すごく叱られました。

タブ　内山田さんはギターですよね。

宮本　はい、ギターです。ギターの先生です。ジャズギターですね。

タブ　普段はあったかい方で、人格者だと聞きましたが。

宮本　そう、普段はですね。普段はやさしい方ですけど、練習になるとたいへんです。

タブ　今までお聞きした中でクール・ファイブが一番音楽って言葉が出てきましたが、こういってはなんですが、他のグループでは女性とかおカネとか、そういう点ではクール・ファイブはないんですね？

宮本　ないですねぇ。

店の片隅に「バンド部屋」

タブ　とにかく絆がやはり強い。ところで「銀馬車」のステージってそんなに広くないんですか？

宮本　ツーバンドのセッティングしますからね。だからやっぱりそれなりに広かったんじゃないんですかね。よく覚えてませんけど。

タブ　今でも長崎在住の人で、当時の写真とかもっている方はいませんか？

宮本　えーと、清ちゃんの事務所がもってますよ。あとはゆかりの方……でも、皆さん、お亡くなりになってるかもわからないし、働いてらっしゃったホステスさんも、今、どうされているかちょっとわからないですね。

タブ　「銀馬車」の何かエピソードがあればありがたいんですが。

宮本　ありますよ。バンド部屋ってあるんですよ。グランドピアノがおいてあって、ウッドベースが置いてあって、すみっこに焼酎がおいてあるんですね。一升瓶が。それで飲んだ人は自分の名前と「正」の字を書くんですよ。それで月末清算するんですよ。そういうシステムでした。今でいうとドリンクバーというか。自己申告で、ぼくは飲めなかったから飲んでないけど。皆さん、こっそり楽しんで。

タブ　宮本さんはお酒は飲まれないんですか？

宮本　40から飲み始めました。今は飲んでますよ。メンバーもみんな飲みます。

タブ　それは自己申告で焼酎を飲んでメンバーはあとでカネを払うんですか？

宮本　そうですそうです。ちゃんと係りの人がいらっしゃって、集金する人がいらっしゃって。

タブ　お客さんに呼ばれて客席にいくようなことはあったんでしょうか？

宮本　それはないですね

タブ　じゃ、演奏が終わったら控室に？

宮本　そうですね。で掛け持ちやってたんで。1時間あいだがあいてたんで、その間，2、3軒くらいいくんです。

タブ　へぇ、1時間の間で2、3軒いくんですか。すごいなぁ。

宮本　はい。もちろん「銀馬車」の社長さんの許可をいただいて。

タブ　でも、もちろん「十二番館」には絶対にいけないと。

宮本　はい、石ぶつけられます（笑）。

タブ　「銀馬車」とのかけもちで何ていう店に行かれたんですか？

宮本　ダンスホールとかですね。あとスナック。それだけですね。名前はもう覚えてないですね。無いと思いますけど。

クール・ファイブとドリフで客席ガラガラ!?

タブ　上京してからACBとかジャズ喫茶に出られたことは？

宮本　ありますね。渡辺プロさんの関係だから、ありますよ。

タブ　ナベプロだとメイツとかも？

宮本　メイツはもう本拠地だから。

タブ　クール・ファイブさんがナベプロにいたのは、どのくらいの時期になりますか？

宮本　えー、1年間ですね。デビューの昭和44年から1年ぐらいですね。テレビに出られたし、『ゴールデンショー』もね。

タブ　ナベプロにいたことで出られたと。山中さんとも知り合いだという元ナベプロの和久井さんが統括の担当者で？

宮本　えー、マネージャーです。

タブ　GSと対バンしたりとかは？

宮本　えーとね、ヤングメイツですね。日比谷の。で、昼間がドリフターズ、夜はクール・ファイブとか。

タブ　あの、たとえばタイガースと一緒とかはなかったんですか？

宮本　ないですね。で、お客さんだれもいない。

タブ　え、その時代でですか？

宮本　ひどいです。これもメンバーのが多いです。お客さんいない。昼がドリフで夜クール・ファイブですよ。お客さんいないんです。

タブ　何でお客がいないんでしょうか？　どっちも売れっ子で。

宮本　売れる前でしょうね。だから、テレビに出る前だったんでしょうね。たぶん、2月にデビューして、8月くらいまでパッとしなかったんで、そのあたりでしょう。

タブ　お客さんがいないって、客席は何人くらい入るんですか？

宮本　けっこう入りますね。100人は入るんじゃないかな。

タブ　ドリフとクール・ファイブだったら、どっちも超満員になりそうですが、ちょっと時間差があったんですね。売れた後、メイツに出れば今度はすごかった？

宮本　売れると出ないんですよ。ナベプロですから。地方に行くんですよ、キャバレーに。

タブ　それで儲けるんだ。さすがナベプロ。しっかりしてるなぁ。

やはり原点は『長崎は今日も雨だった』一発録り

タブ　ところで、ぼくたちは、このあと長崎には行く予定なんですが、どうしてもムードコーラス史には「銀馬車」と「十二番館」が欠かせないと思っています。お世話になった今でも長崎在住で、その人に聞けばもっといろんなことがわかるかもしれないって心当たりの方はいらっしゃいますか？　たとえば「銀馬車」の社長さんとか支配人さんとか……。

宮本　女社長ですね。亡くなっているかもしれないですね。お会いしたことないんですけど、社長さんには。支配人はもう亡くなりました。

タブ　そうですよね、もう50年以上も前になるんですもんね。ところで宮本さんのご出身は？

宮本　対馬です。

タブ　今もお帰りになられますか？

宮本　おふくろ、こっちに来たんで、もう実家そのものがないんです。家はあるんですが人はいない。

タブ　結婚されたのは東京にきてからになりますか？

宮本　長崎です。昭和43年かな。

タブ　じゃ、20歳で。ブレイクの前に。すごいなぁ。じゃ奥様は、糟糠の妻ですね。

宮本　音楽バカってあきらめてますね（笑）。女房は69か70ですよ。17か18で結婚したから。

タブ　金婚式を超えていますね。そうすると、当たったあとに一緒になったわけじゃないから、結婚されたけど、失礼ですが、たいして収入ないですよね。

宮本　そらそうですよ。バンドマンですし。

タブ　結婚した当時は、かなりご苦労されたんですね。

宮本　女房に食わしてもらうわけですよ。だから早い結婚するんですよ。楽器は買いたい、きれいな衣装は着たい。女房も一生懸命働いてくれました。

“悦ちゃんポーズ”？　澄んだ瞳が印象的でした。

タブ　泣けるなぁ。ちなみにクール・ファイブのメンバーも、皆さん、結婚されてたんですか？

宮本　みんな、長崎のころから、清ちゃん以外は。みんな所帯持ちでした。

タブ　みんな、若くして結婚されてるんですね。堅実だなぁ。クール・ファイブの皆さん紳士で、だから仲もよろしいんですね。

宮本　みんな根っからのバンドマンなんですよ。

タブ　宮本さんがクール・ファイブで一番好きな歌と言うと。

宮本　デビュー曲ですね。『長崎は今日も雨だった』やっぱり、あれしかないですよ。でも唄うのは難しい曲ですよ。

タブ　僕は『港の別れ唄』が一番好きなんですが、あれは内山田洋さんの作曲になりますね。

宮本　紅白に清ちゃんが自然気胸で出られなくなっちゃって、藤圭子ちゃんが唄ってくれて、いい歌でした。

タブ　『長崎は今日も雨だった』は具体的にどこが難しいでしょうか？

宮本　三連音符ですね。三連音符のどこかにのっけなきゃいけないんですよ。勝手にうたっちゃいけないんです。

タブ　1回録りというのもちょっとビックリしました。そういわれて聞いてみると、前川さんも少し硬い感じはありますよね。

宮本　音程も悪いですよ。でも、どうしようもないんですよ。

時間はないしね。ストリングスの人なんか怒っちゃいますよ。帰っちゃいますよ、みんな。

タブ　こわいなぁ（笑）。でもその初々しさと前川さんの実直なお人柄が出ていて、やはり永遠の名曲ですよね。ありがとうございました。

＊＊＊＊＊＊＊＊＊＊＊＊＊＊＊＊＊＊＊＊

可愛い。失礼ながら宮本さんへの終始ついて回った感情はこれです。羊飼いのような澄んだ瞳でぶしつけな山中さんの質問にもおっとり啓示してくださる宮本さん。リーダー内山田洋さんのことを今も「先生」と称することにもその誠実なお人柄がにじみます。前川清さんを別として宮本さんはじめメンバーは全員デビュー前から既に妻帯者だったという、そんな律儀な紳士たちが支えていた音楽だからこそ、ムードコーラス史上においてはややアーバンなサウンドにも品格があったということか。

　どんなに貧乏でも我々はどうしても長崎に行きたいんです、という思いに優しく背中を押してくださるように、〝地元の古くからの音楽仲間〟を紙片に託してそっと手渡され、宮本さんはきらめく夜の扉へと消えていきました。あぁ、あの扉の向こうへ行きたい。クール・ファイブのレコードジャケットをぼんやり長時間眺めてしまうことがよくあるのですが、ずっと交互に見つめてしまうのはやはり宮本さんと、そしてもみあげが険しいガンダムみたいな頭の方（……小林正樹サン。スミマセン）。あの構造もつまびらかになるクール・ファイブのディナーショウ、沼袋のアパートの家賃よりも高いことに失意と敬意を払いつつ、またもおやじ相合傘で雨の幕張劇場の幕引きと相成りました。

腹話術人形のような宮本さん。こんなハタチが今いたら新鮮。

●コラム

◆長崎聖地巡礼①

~出発の成田篇

成田空港から機上の人となるのは、実は生まれて初めてであります。朝4時に家を出て朦朧としたまま視界に現れたのはマスク姿の山中さん。給食当番だと深皿のゾーンにいそう。〝ヤマゴン〟みたいなアダ名がついてそう。「いやぁ、カミさんにですね、あんたはいいけど家族にうつしたら承知しないよって、釘をさされてましてね」

3月、コロナショックがいよいよ日本にも……という渦中にありまして、何もこんなさなかに行くこたぁない時にむくりと動き出すのが山中流。「あんたはいいけど」に果てなき哀愁を感じます。山中さんいわく〝とんでもない格安パック〟にておさえられたもぐりの飛行機（※さすがに嘘です）に搭乗し、ちいさく「アーメン」をしつつ長崎へと飛び立ちました。ヒュゴ~というリフレイン（山中さんのいびき）の果て、無事長崎へと到着！　とりあえずよかった。しかし、まだ朝です。「いやぁ、ここから先は実はやることがないんです」と山中さん。ズコッ！　って感じ？　まぁそれは薄々自分も感じていたのですが、夕方5時に思案橋で落ち合うという、言葉にすると妙にロマンチックな約束をヤマゴンと交わして、しばし長崎ぶらぶら節です。

ではここで、皆さまは退屈かと思いますので、インタビューをひとつ。実はこの旅のプロローグとして、直近からクール・ファイブをよく知る人物を都内にて訪ねていました。山中さんがお世話になっているという和久井保さん。何と長年クール・ファイブのマネージャーをされていたというお方の証言を振り返りつつ、いざ聖地巡礼前の情緒をかきたててみたいと思います。

なんと！　前川清さんとのツーショット！　ラジオ局のフロアにて、和やかにお話し下さいました。写真も快諾。

～プロローグ
和久井保さんインタビュー

昭和36年、早大を卒業し、大卒一期生として渡辺プロダクションに入社。マネージャーとしてザ・ピーナッツ、森進一、梓みちよ、小柳ルミ子など数多くのスターを手掛け、47年、ワクイ音楽事務所を設立。

＊＊＊＊＊＊＊＊＊＊＊＊＊＊＊＊＊＊

チャーリー石黒さんが長崎からクール・ファイブを見つけて来たのが昭和44年。当時の渡辺プロは制作マネージャーだけで70人くらいいたが、全員が多忙だった。

僕はピーナッツのマネージャーでアメリカ公演の準備に入るところだったの。そのころ、チャーリーさんが、「誰か、このクール・ファイブの面倒見てくんないか」って言ってても、誰も手を上げない。仕方なく「和久井、やれ」ってこっちにおはちが回ってきちゃった。大学の先輩だし、チャーリーさんの頼みは絶対命令だった。

ピーナッツっていったら当時、『恋のフーガ』も大ヒットしていた、日本を代表するスターでしょ。そこから、どこの馬の骨かわからないクール・ファイブに担当変わるなんて「降格」どころじゃなかった。

しかもその6人のバンドにはボーヤもいない。楽器運びなんかも、若手の宮本と（前川）清だけじゃ足らないから、僕もやらなきゃいけない。だから、いきなり「クール・ファイブのボーヤ」に格下げってことだもん。ひどいもんだった。

なんで、ここまでこのグループを買うのか、っていうくらいチャーリーさんは入れ込んでいて、たぶんレコーディングも渡辺プロ関係では、あの人しか立ち会ってなかったんじゃないかな。

実は僕はデビュー曲は『涙こがした恋』がいい、と押したの。そしたらチャーリーさんが強硬に『長崎は今日も雨だった』でいきたい、って言い張って、結局、押し切られた。

今考えたら、すごい決断だよね。あのチャーリーさんの押しがなかったら、今のクール・ファイブはないかもしれない。

売れなかったな。北海道から長崎までマイクロバスでキャンペーンしたのに、まったくダメだった。

渡辺プロの力で、テレビにも出してみても、なかなか火が付かない。

清以外はみんな妻子持ちでね。1カ月のうちに1週は長崎に帰って、あとの3週間は東京での仕事という契約。6人全

穏やかながらも、幾多のスターたちを磨き上げて来たその眼光は推理作家の如し。

員が恵比寿の2DKのマンションの3人ベットで共同生活だからね。トイレも1個、電話も1本。

今でもよく、いい大人が、あの合宿生活に耐えられたと思う。全員が長崎のイナカもんだったから出来たんだな、きっと。だいたいみんな、そんなに売れたいという気も感じられなかった。リーダーの内山田さんに憧れてて、彼に言われたから付いてきたみたいなもんで。清も、内山田さんのギター教室行って、指が痛いからボーカルになったみたいだし。

突然のブレイクは『お昼のゴールデンショー』だね、前田武彦とコント55号が司会の。あれに1週間出た途端に、バック（レコードの注文）がまとめて10万枚くらい来た。「間違いじゃないのか！」と聞き返したくらい。

あのころからずっと、チャーリーさんも僕もクール・ファイブはムードコーラスって思ってなかった。やっぱりムードコーラスっていうと、マヒナみたいにファルセットがあって、切々と女心を唄うってイメージがある。前川清とクール・ファイブは「男歌」でビンビン攻めるから。

それから40年以上の付き合いで、クール・ファイブはたくさんのヒット曲、名曲に恵まれ、僕にとっても誇りと感謝の気持ちでいっぱいだね。

＊＊＊＊＊＊＊＊＊＊＊＊＊＊＊＊＊＊

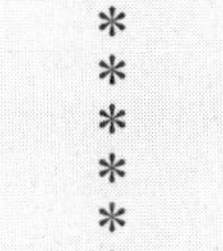

すでにバリバリのナベプロ帝国の主要スタッフでありながら、新人で田舎の青年団のようなクール・ファイブをあてがわれてしまった和久井さん。山中さんとのご縁は存じませんが、山中さんも或る日和久井さんのもとへドサッと、流血したアレックス・スミルノフの如く放送席に投げ込まれてしまったのか、べらんめぇながらもそのまなざしに困った人をほっとけない深い人情を感じます。まだ名もなくボーヤも雇えないメンバーたちと一緒になって和久井さんも旅先で軍手はめながら機材の積み下ろしをしたというエピソードに古き良き業界の温もりが滲み目頭が熱くなりました。この世界で出世された方はみな一様に「埋もれた星のかけら」を根底に愛しているように思えます。むしろ売れたらあまり興味がなくなるというか。出世されたのかどうかは知りませんが（失礼）山中さんもしかり。だからぼくや「ポンちゃん人形」なんて人にも目をかけているのでしょう。

そんなことはさておき、長崎は夕暮れ、そして慕うはそんなクール・ファイブの夜明け前たる群青色の前史です。いよいよ、「長崎の鐘」が藤山一郎先生の直立不動の如く（そういえば前川清さんも猫背直立不動尊ですね）夕空に打ち鳴らされました。思案橋に山中さんの光頭が照っています。

路面電車の走る街ってイイナ。

◆長崎聖地巡礼②

～残響の「銀馬車」篇

思案橋といえどここには橋はありません。しかし橋本康之という名前があるのにタブレット純という身も蓋もない異物になったぼくとは違い、ここには由緒ある欄干がぽつりと遺されています。道路拡張に伴い川は埋め立てられ暗渠となりました。今は遺物となってしまったムードコーラス史にもどこか通じる遠い川のざわめきを耳朶にそよがせながら記念写真。山中さんもやっと旅費をはたいた意義をスマホのシャッター音に、あららとか言いながらお約束の連写ミスも織り込みつつ満足そうに響かせています。

さぁ帰りましょうか、ではありません！　ここからが本題。ムードコーラス源平の戦い、その古戦場の風に吹かれることこそがこの旅の命題です。即ちコロラティーノを生んだ「十二番館」、クール・ファイブを生んだ「銀馬車」への聖地巡礼です。まずは「銀馬車」。山中リサーチによっておおまかな位置は押さえていたために、ここはすんなりと……と思いきや、やはり対するは今や跡地は何の変哲もないホテルなりパチンコ屋だったりするので、そこを訪れてもおいそれとは実感が湧きません。場所には来たもののすんなりすぎてしっくりこな

長崎だけにそこはかとなく異国情緒漂うアーチ。

パリを訪れた岸恵子風に。（妄想）

いというのか。人間は我が儘な動物です。とある廃墟本で、ラブホテル廃墟の中にあった奇妙な遊具に対し「これはどうやって使ったんだろう」とためつすがめつ思案するくだりがありましたが、我々は現役ばりばりの建物に対し「これはどこらへんで踊ったりしたんだろう」と現場検証してるのだから神をもおそれぬ逆行です。しかも我々らしくホテルの裏口から浸入（不法浸入）したものだから「？？」となっていたのですが、ここは表通りのパチンコ屋を入り口としてホテルに優雅なステージやラウンジが拡がっていたのではないか、とする見方が正攻法ではないか。と、そこでホテルの入り口へと続く壁面の片隅に古めかしい「定礎」たる銅板を発見。そこには親会社らしき〝福繁観光〟なる文字が刻印されていて、この○○観光とかいうのがいかにも昭和な、クレイジー映画の人見明みたいな顔した成金社長が扇子を仰いでいるさまが浮かびます。果たしてその場で、山中リサーチにより「銀馬車」の母体と判明し小躍り。閉山した鉱山の川で幻でも掬った手に光るものを感じれば満足な我々。この銅板から銀は金に化けやがて東京砂漠となり源流はパチンコ屋というのも何だか時代と添い寝しているようで感慨深いものがあります。

　ざっくりすぎますがひとしきり満足を得て次に向かうは「十二番館」、宮本さんインタビューを思い返せば英霊にも石を投げてきそうな強者です。

前作から、日常で「定礎」などを探す習性が身につきました。

「銀馬車」の裏手？　パチンコの“特殊景品”は“金のインゴット”だそう。関係ないか。

◆長崎聖地巡礼②

～枯淡の「十二番館」篇

小学6年の時、『思案橋ブルース』のレコードを八王子の長崎屋の店頭中古レコード市のラックから掘り当てた喜びは、あれから35年ほど経った今も胸に蘇ります。思えば奇しくも長崎屋……。

その少し前に、『テレビ探偵団』という懐かし番組の前川清さんゲストの回で流された当時の歌番組でのコロラティーノのハイテノールな歌声はすぐさま思春期の心に美しき緑色の雨だれをもたらしました。その時、司会の三宅裕司さんに「センターにいきそうもない顔」と揶揄されていた中井昭さんが実は長崎ナイトクラブ戦国時代のお殿様的人物であろうとは。歓楽街の栄枯盛衰の象徴たる〝陥落骸〟は如何様になっているのか。

山中リサーチによって現れたそれは「出島の湯・ドーミーイン長崎」という近代的なホテルになっていました。ドーミーとは意味を調べたら、ゴルフ用語でマッチプレーにおいて勝ったホール数と残りのホール数が同じになること、を意味するそう。ゴルフのゴの字の濁点も知らぬぼくですが、「十二番館」が今なお水面下で戦いを続けその火種で温泉が湧き立っているような錯覚をおぼえます。

「十二番館」跡。本物「東山手十二番館」は長崎の重要文化財に。

しかしここもまた、かつての栄華を垣間見る何物もない無機質さ。フロントで「ここはかつて「十二番館」だったんでしょうか?」とぶしつけに質問して若い女性ホテルマンに落武者の霊の如く不気味がられている山中さんに思わぬ助け船が。隣りでチェックインを済ませている初老の紳士が「いかにも」といった風情でかつての空気たっぷりにここが「十二番館」だったことを郷愁をまじえて紐解いて下さったのです。果てはフロントのメモ用紙を拝借してまで周辺の位置関係などを頭のタイムマシンですらすらと書いてくださるではありませんか。知らなかった「オランダ」というNo.3だったというキャバレーの跡地まで教えてくださり気分はすっかりおらんだ左近（主演小野寺昭）。いかにもゴルフをやりに来たような紳士からの手ほどき、こういうのをドーミーイン現象というのでしょうか。違うか。しかし無駄足から瞬く間に「有益な時間」を与えられ異物から〝タイムトラベラー〟となった我々は深々と敬礼、すっかり気をよくして向かうはクール・ファイブ宮本さんの古くからの盟友が営んでいるという「ギターラウンジV7」。さらに巡礼を極めたい運びです。まだ開店前の扉を開けると電話口さながらの朴訥にして暖かみをたたえた男性が珍客をすんなり通してくださいました。

~エピローグ

藤本雅さんインタビュー

****

昭和24年長崎出身。高校3年の時、内山田洋にギターを学ぶ。以後、彼が逝去（70歳）するまで、親交が続く。51年、アメリカ・ニューヨークに音楽の勉強のために渡り、帰国後、フリーのギタリストとして活動。ショー伴奏やライブ、コンサートなどなど、現在も現役でプレイしている。

****

内山田洋という人は私にとって生涯忘れる事の出来ない人です。ギターを習うだけにとどまらず、音楽の基礎、理論などなど、一人立ちできるすべての事を教えてもらった気がします。

昭和42年、このころ生徒が50~60人はいました。前川（清）君も生徒でいたし、宮本さんもピアノやっていたけど、生徒でしたね。私達は夜中に押しかけ2~3時まで習いに行った

藤本さんのお人柄を慕って、今も公演の折には前川清さんもお店に立ち寄られるそうです。

藤本さんも出演されていたキャバレー。長崎最後のグランドキャバレーの灯も消えて。

記憶がありました。でもイヤな顔する事なくレッスンが始まりました。当時、内山田さんは28歳くらいで、デビューする何年も前の事です。今、考えても迷惑かけて申し訳ないという思いとともに、私なら絶対にマネできないと思います。ちなみに彼のお父上が柳川の校長先生で、お母様も教師だったと聞いていましたから、内山田さんには教育者（指導者）としての素養があったのでしょう。だから私は晩年まで「先生」と呼んでいましたよ。

前川君とは、彼が「クール・ファイブ」に入る前、「サンライズ」というアマチュアバンドで一緒にやったこともあります。当時の彼はプレスリーの歌や『君といつまでも』『恋は紅いバラ』とかで、そんなに歌謡曲志向ではなかったけど、

「オランダ」の建物は現存していました。

プロ歌手になる夢は持っていたようです。

その頃はパブとかダンスホールがメインの仕事場でしたね。話は前後しますが、髙橋勝とコロラティーノ（内山田さんもメンバー）は、中井昭のバンドが福岡の「チャイナタウン」から長崎の「十二番館」に引き抜かれて活動を始めるのですが、1年後、中井昭氏との人間性の衝突から、内山田さんが脱退し、今のクール・ファイブのメンバー、小林さん、岩城

コロラティーノの勇姿。すでに何かを「哀悼」するような参列感が。

さん。森本さん達も内山田さんについて行くことになります。この時、前川君と宮本さんをメンバーに加え、キャバレー「銀馬車」でクール・ファイブとして活動開始。デビュー2年前の事でした。

一方、「十二番館」を拠点とするコロラティーノは、アルトサックスの川原さんをメンバーに加え、彼の作詞・作曲による『思案橋ブルース』を発売し、全国的なヒットとなりま

クール・ファイブに、さらに片栗粉まぜたような“アース・サウンド”。

す。その1年後、「銀馬車」を中心に活躍していたクール・ファイブが『長崎は今日も雨だった』をレコーディングし、全国キャンペーンへと出発します。北は札幌から南下して長崎までというコース。そして彼らが長崎に帰ってくるころには『長崎は今日も雨だった』は全国の有線放送でだんだんと評判になり、ついに空前の大ヒットとなります。その後の飛ぶ鳥を落とす勢いで歌謡コーラスの頂点へと進んで行ったのは皆さんがよく知る所でしょう。

それで長崎では、「十二番館」のコロラティーノ、「銀馬車」のクール・ファイブという、絵に描いたような対立の構図が出来上がっていましたが、店同士は世間が思っているほどには仲が悪くありませんでした。

昭和40年代、長崎の街にはキャバレーが大、小合わせて10軒くらいあったと思います。それにクラブやパブなどがあり、バンドマンも長崎だけで300人近くいたと思いますよ。

私はといえば20歳でプロとなり、「銀馬車」のステージに立っていました。(クール・ファイブが東京に行った後のことです)フロアは連日連夜、満員の客で、さながら映画の世界のようでした。

また他のキャバレーでも、「オランダ」からは『長崎ごころ』を出したジ・アーズ、「ミカド」からは『思い出の長崎』の矢野憲一郎とアロー・ナイツなど、「長崎物」を売りにデビューし、全国キャンペーンで回っていましたね。他にも有名無名

あの「秋庭豊とアロー・ナイツ」とは人脈的なつながりはないといいます。

因みにこれが後のアロー・ナイツ。あの『中の島ブルース』のオリジナル自主制作盤で元は札幌のご当地ソング。炭鉱夫たちのバンドでした。

を問わず、一発狙いの人たちが多数いたのも事実です。

それにしてもコロラティーノ、クール・ファイブ、この両グループはよきライバルとして活躍しましたが、その後の人生を見ると、はっきり明暗が分かれます。

クール・ファイブは内山田さんが亡くなった今でも、昔のメンバーが集まり、コンサートやったりしているでしょ。一時は前川君だけソロの時代もあったとしても、結局は強い絆があって、また一緒にやれる。メンバー個々の人間性とリーダーとしての内山田さんが立派だったからじゃないのかな。星の数ほどいたコーラスグループで、デビュー以来、オリジナルメンバーで続いているのはクール・ファイブくらいでしょう。余談ですが、内山田さんが亡くなった時、テレビで湯川れい子さんが「最後のバンドマスターと言える人でした。残念ですネ」とコメントしていたのが印象的でした。

一方、コロラティーノといえば、リーダーの髙橋勝さんも『思案橋ブルース』を作曲した川原さんも、後年、自ら命を絶っているんですよね。川原さんは元々ジャズ畑の人で、プレイは凄かったなァ。でも『思案橋ブルース』がヒットしてからは、もう周囲からそちら側ばかりを求められて……辛かったんでしょうね。ボーカルの中井昭氏も風の便りで80年代には亡くなったと聞きました。再三のメンバーチェンジしたコロラティーノには、どうも暗い翳りがあるんですよネ。

最後に、この両グループは確かに一時代を画し、多くのグループにも影響を与えたようですネ。音楽的には甲乙つけがたい程、洗練されていました。コーラスばかりが注目されがちですが、ジャズやラテン、ボサノバなどのプレイは今でも当時の彼らを知る人の語り草になっています。そんな人たちも次第に少なくなり、時代の流れを感じるところです。

＊＊＊＊＊＊＊＊＊＊＊＊＊＊＊

藤本さんもまた、〝第七のクール・ファイブメンバー〟と称したくなるほど、(そういえば藤本さんのお店は「ギターラウンジV7」と申します)黎明期からグループの発展を陰で支え育んできたことがうかがえます。やはりクール・ファイブは内山田校長先生あっての純然たる音楽学校なのですね。角度によって森本毅郎な藤本さんが時に「ぴりっとタケロー」となる眼光の先にはギター1つで海外を放浪し、一国一城の主となった狼の匂いが漂います。その頑丈そうな体躯は田吾作タイツ1つで一代を築いたグレート東郷の如きかな。

それにしても、「銀馬車」に股がって大江戸を闊歩するクール・ファイブの影でばたばたと非業のうちに斃れていったコロラティーノの志士たちのくだりには衝撃を禁じ得ませんでした。他にもまだまだ沢山あったという有象無象のナイトクラブの名前を出しながら「そうだ。よかったら屋上行って見ながら教えますよ」と親切にも我々にさらなる長崎戦国絵巻を生きる地図として晩春の風に広げてくださるようです。果たして屋上は夢の跡が露となって散りばめられているが如くに潤んだ夜景が広がっていました。素晴らしい……。

「あれが「オランダ」の跡。そうだ、あの建物だけはそのまま残ってますよ。一緒に行ってみますか」

え！　そんな、お店があるのに申し訳ない……とまたも恐縮する隣りで山中大明神は今宵も優雅に鼻毛をそよがせるばかりです。せこさと図々しさは同義語の様子。地上へ降り果たして案内いただいた「オランダ」跡は古城の空気を吸い込んだまましっとり佇んでいました。

「ここの専属だったのがジ・アーズ。ボーカルの島、彼も最近亡くなったそうですよ」

胸に『長崎ごころ』の怪唱が挽歌となって胸を衝きます。

期せずして第3団体、長崎キャバレー界の国際プロレスまで

「金曜ロードショー」のような夜景。これに缶チューハイとスルメイカと山中さん。

ガウンからパンツ丸出しの山中さんが撮影。

墓参りしてしまった我々。

「じゃあ、店がありますから私はここで」

すべて然り気無く、感謝の隙も与えぬまま去り行く後ろ姿に、遥か旅先でまた1人素敵な大人に出会えた喜びをかみしめます。聖地〝純〟礼は純な人に出逢える奇跡の旅。そして山中さんというこの世の異物に驚かされる旅……。

ひとり「見返り柳」のたもとでしみじみ一杯ひっかけて、山中さんの紙片たよりに向かった今宵の宿はタクシーで2000円もかかってやたら山を登った先の白亜の大宮殿……呆気にとられたまま扉を開けるや白いガウン姿の山中さんのバックには長崎湾を一望できる百万＄の絶景すぎる夜景が。

「いやぁ、安いツアーなのにどういうわけかこんなホテルでした」

腰が抜けるほど笑ったのは生まれて初めてだったとさ。

「カステーラ」ってこれからの人生はさりげなくのばしてみます。

松竹『喜劇婚前旅行』では、当時の夜景とともに『思案橋のひと』を唄う、動くコロラティーノが観られます。

鶴岡雅義、東京ロマンチカを語る

鶴岡雅義

＊＊＊＊＊＊＊＊＊＊＊＊＊＊＊＊＊＊＊＊＊＊＊＊＊＊＊＊＊

昭和８（１９３３）年生まれ。古賀政男に師事し、日本で初めて、レキントギター奏者となる。昭和35年、ラテングループ「トリオ・ロス・カバジェロス」を結成。作曲家として石原裕次郎が唄う『二人の世界』をヒットさせた後、「鶴岡雅義と東京ロマンチカ」を結成して、『小樽のひとよ』などの大ヒット曲を生む。

人生の早い段階から、東京ロマンチカには魂を抜かれていました。

いきなり変な書き出しになってしまいましたが、思い出すのは津久井町立中野小学校6年2組の教室、雨の日の国語の授業。その教科書には「ギターナ・ロマンティカ」という話が載っていて、ぼくは授業中なのに、その語感をそっと心で唱えては、三條正人さんのカチッと分けられたヒサシのような頭ばかりに思いを馳せておりました。

雨宿りできそうなくらいの頭のヒサシ。そしてその背後には、〝チョビ髭課長〟といった真摯な風情で指先だけはトレモロの応酬を放つ紳士。その方こそが、いまこの喫茶店に現れようとしている、鶴岡雅義先生であります。

生きててよかった。東京ロマンチカの音楽に初めて触れたのはNHKラジオの『にっぽんのメロディー』という番組。平日は10分くらい、土曜日は30分、そんなローテーションで毎夜放送されていた番組で、中西龍さんの古城に白蛇が這っているような（と、子供には感じた）語りのもと紡がれる歌謡曲。この番組は「何かあった時のために」毎夜ラジカセで録音していたのですが、その中で流れた『君は人妻』という曲はすぐさま保存版となり別のテープへと移入されました。ヒトヅマにイナヅマが走ったのです。

それからまもなくして「古書ピーマン」という変な名前のお店の片隅、段ボール箱の中から見出だしたのが『君は心の妻だから』のレコード。ノイズの雨の中から東京ロマンチカへの耽美な道程が始まりました。

まもなくして中学1年の時のお年玉はすぐさま全曲集のカセットテープに費やされます。父の実家のあった府中の西友デパート、喘息に苦しみながらの購入。翌年父の実家は漏電で全焼しました。嗚呼。

しかし東京ロマンチカの音楽はあくまで優しく儚く思春期のぼくの心に紫の雨を降らせ続けてくれたのです。などと珈琲にロマンチカをうっとり浮かべて啜っているぼくを横目に、今日も山中さんは優雅に鼻毛をそよがせています。チョビ髭を見習いたまえ。すると、鶴岡雅義先生が〝品のかたまり〟といったアロマを称えながら、素敵な貴婦人……まごうことなき正妻を連れだって現れました。

＊＊＊＊＊＊＊＊＊＊＊＊＊＊＊

レコードデビューはカバジェロスで

タブ　さっそく、いろいろお聞きしたいんですが、まずはバンド結成のキッカケから。

鶴岡　最初はトリオ・ロス・カバジェロスですね。カバジェロスで『二人の世界』を唄ってる。

タブ　裕次郎さんが出す3年くらい前から、実はご自身のトリオのレパートリーで、レコードも出されているんですよね？

鶴岡 裕ちゃんが出す前から唄ってて、裕ちゃんが、これはオレが唄うって言ってきたの。

タブ 裕次郎さんが直接言ってきたんですか？

鶴岡 同じレコード会社だから、耳に残ったんだろうね、それでオレ、唄うって。

タブ その前に、交流があったわけではなくて？

鶴岡 ないね。同じレコード会社ですから。パーティーなんかでは顔を合わせたけど。

タブ トリオ・ロス・カバジェロスの活動をやられていたころって言うのは、主にどんなところでやられてたんですか？

鶴岡 えーとね、やっぱりキャバレー。新宿の「女王蜂」とか。コマの裏側。交番のある通り。今の交番のあたりかな。「ブルースカイ」とかもよく出た。

タブ 奥さんはカバジェロスはご存知なんですか？

奥様 はい。カバジェロスは労音で人気があったんです。それで1回見に来ない？　って言われて見に行きました。

タブ 「ブルースカイ」というのは？

鶴岡 横浜の、一番賑やかな店。

タブ キャバレーがいっぱいあったので、関内でしょうか。

鶴岡 「ブルースカイ」って裕次郎さんの映画でロケでも使われてた。

奥様 夜遅くしか開いてないナイトクラブ。

鶴岡 ショータイムが夜中の1時くらいだった。だから私たちは他でやってから掛け持ちしてた。

タブ どういう形で掛け持ちされていたんですか？

鶴岡 やっぱり新宿で仕事して、横浜に車でいって。

奥様 あと、行ったのは「ナイト&デイ」とか。

鶴岡 新宿で10時くらいに終わって移動する。1時間くらいで横浜に行ける。

タブ 車で3人でという感じで？

鶴岡 そう、3人で。マネージャーなんていなかったから。

タブ カバジェロスはやはりトリオ・ロス・パンチョスとかに影響されて始まってるんですか？

鶴岡 パンチョスの影響受けて……。日本に来たじゃないですか、それで作ったの。

奥様 あと、「クリフサイド」もよく行ってました。

鶴岡 けっこう高いところにあるの、夜景がきれいで。

奥様 ほら、南里文雄さんの息子さんもいて……。

タブ 南里文雄さんというとジャズ畑の方ですね。

奥様 ジャズです。ふだんはジャズ。昔は野球の選手とか、そういうお客さんが多かったですね

鶴岡 夜遊びでね。銀座か横浜かってくらい。1時間で行けましたよね。昔は第三京浜通って。

タブ　その頃一緒に出た他のバンドのメンバーはどんな人達でしたか？

鶴岡　グループ同士で一緒に仕事したことなかった。ライバル同士だったから。たとえばデニー白川とかキングトーンズとか。

タブ　デニー白川さんは横浜の「ゴールデンカップ」に写真があったなぁ。キングトーンズも横浜に？

鶴岡　出てたと思います。

奥様　ほら、東海林太郎さんも。専属みたいで、駅前のキャバレーで。

鶴岡　一緒に出演じゃなくて、私たちは日建てのショーで、あちらは専属で。

タブ　カバジェロスの時も仕事はたくさんあったんですね。

鶴岡　たくさんありました。労音の全国のステージに出て、ビッグバンドと一緒に回ったり。

タブ　3人のときは鶴岡さんは歌も唄ってたんですか？

鶴岡　横からウーってだけ出してた。ギターで忙しかった。

日本初のレキントギター奏者

タブ　古賀政男先生に師事したころからレキントギターだったんですか？

鶴岡　トリオ・ロス・パンチョスが日本に来たころ、1959年くらいだったかな、それの影響を受けて、その前にパンチョスのレコード聴いてて、このギターはなんなんだろうって。

タブ　聴いたことのない音色で。

鶴岡　それでレキントギターと言うらしいって。日本にはなかったの。楽器屋さんに作ってもらった。レキントのサイズ調べて。

タブ　じゃ、もしかしたらレキントを日本で最初に持ったのは……。

鶴岡　うん。私が日本最初。

タブ　ムードコーラスの方は、ハワイアンをやっていて、ラテンにかえる方が多かったですが、それではないんですね。

鶴岡　ない。はじめからラテン。トリオやってたし、その前はアントニオ古賀と一緒だった。

タブ　アントニオ古賀さんはレキントはやってなかったんですか？

鶴岡　彼は普通のギター。自分で唄いながら伴奏やってたから。

タブ　じゃ、鶴岡さんはトリオ・ロス・パンチョスの影響をもろに受けて。

鶴岡　カバジェロスは外国の歌ばっかり唄ってた。で、なんか作ろうって作ったのが『二人の世界』。

ラジオ日本にて。貴重なカバジェロスのレコードを持参下さいました。

タブ　え！　最初に作ったオリジナルが『二人の世界』なんですね、すごいなぁ。もともと作曲家志向があったんでしょうか？

鶴岡　私、グループ作ったのは、作ったら唄えるって前提があったから。しめたもんだって（笑）。

タブ　音大とかそちらのご出身ではないんですよね？

鶴岡　じゃない。独立独歩。古賀先生のところにはいたけど。

タブ　古賀先生の門下にお入りになったのは何歳ごろですか？

鶴岡　何歳だったかな。これはね、音楽の道に行きたいと思った時、雑誌の付録があるでしょ。そこに古賀ギター歌謡教室って宣伝が出てたの。生徒募集って。場所は中野。中野の駅からずっと行くと二手にわかれる。ロータリーがある、サンプラザの反対側。出ると道が分かれて細い方に行くと学院があった。

奥様　この人、道とか地図とか、ぜんぜんだめなんです（笑）。

タブ　あ、でも僕、住まいが中野なんでわかります（笑）。あのあたりはロマンが湧くなぁ。カバジェロスで最初に出したレコードっていうとなにになるんですか？

鶴岡　えーと、『二人の世界』。昭和37年。カバジェロスの結成は35年。

タブ　カバジェロスはレコード何枚出したんですか？

鶴岡　カバジェロスはオリジナルというより、レキントギターの曲、インストが多い。私はたとえば民謡とか歌謡曲とか出して、けっこう売れてて、スタジオにこもりっぱなしもあった。

タブ　オリジナルのレコードは何枚くらいですか、カバジェロスの？

鶴岡　オリジナルはほとんどないです。民謡や童謡とかをレキントギターで演奏する。

ロマンチカ結成へ

タブ　ロマンチカになっても、鶴岡さんのギターはインストもので重宝されてますよね。では、カバジェロス解散とロマンチカ結成のいきさつをお聞きしたいのですが。

鶴岡　これ、やっぱり自分の作品をいっぱい書いてると、自分たちで唄えるようにしないと、グループにしないと。ベースありとか。だからトリオ解散して楽器もあるグループにしないとと思った。

タブ　裕次郎さんの『二人の世界』がヒットしたあとですかね。そうなったときに新しいグループを、カバジェロスは解散してしまおうと？

鶴岡　カバジェロスは、それと同時に解散。グループが出来たら同時に解散。

タブ　カバジェロスのお2人は反対されたとかあったんですか？

鶴岡　いや、不満だったんだろうけど。

タブ　お2人はその後、どうされたんでしょうか？

鶴岡　一人は歌はうまかった。あとの一人はノーチェックバーナにずっといました。私はロマンチカつくったら、もう別々で、全部新しいメンバーでやりたかったから。

タブ　新たなメンバーはどこから集められたんですか？

鶴岡　これは、いろんな人から、こういう人がいるよって推薦ですよね。それであと、こういうふうにみんなで楽器も持たなきゃダメなんで、全員が自分たちだけで演奏できるように。私がマヒナをおっかけてたからね。マヒナは全員、演奏できたから。

タブ　ムード・コーラスはバンドであることが僕はかっこいいと思っています。マヒナを参考にされたんですね。

鶴岡　それで、私達の演奏にプラス・フルバンドが入ったりね。ショーをやるときとか。ノーチェックバーナとやったり。

タブ　初期のロマンチカのシングルは3枚くらい、ボーカルが三條さんではない、別の方が低音の裕次郎路線でリードとっていますね。

鶴岡　何回かボーカルが変わってるの。ボーカル2、3人変えて、三條が来て『小樽のひとよ』になった。

これが貴重なムーディスターズ時代のレコード。手前のお三方がそっくりロマンチカに。

三條正人加入。そして『小樽のひとよ』大ヒット

タブ　三條さんと松田さんと奥山さんの3人は、別りグループ、ムーディスターズっていうところで、ジャケットにうつっているレコードが1枚だけあるのですが。山下洋治とムーディスターズの『天神さま』で。

鶴岡　三條が唄ってるの、横浜に見に行ったの。だから「ブルースカイ」か「ナイト&デイ」。「ブルースカイ」のが可能性が高い。

タブ　ムーディスターズのステージですか？

鶴岡　ムーディスターズだね。それでボーカル捜していたから、1人、浮いてるのがいるよっていわれて。彼はメインボーカルじゃなくて、うしろに立ってて、一曲くらい唄ってた。だからこれは引き抜けるなと思って、すぐレコーディングするんで入らないかっていったら、喜んで、って。

タブ　ムーディスターズではあんまり使われていなかったんですね？

鶴岡　うしろポツンだから。

タブ　運命的出会いですね。そして三條さんはじめ3人が入られて、もう1人、この方がキッカケで『小樽のひとよ』ができたといわれていますが。

鶴岡　そう、有沢。彼は大人しくて目立たないですよ。でも、北海道行った時に女と連絡してたから。東京かえって行ったら会えないじゃないですか、昔は。電話だけでもたいへんだったでしょ。会えないのを歌にしたい、歌になるな、って。

タブ　あ、その光景を見て、『小樽のひとよ』の冒頭の歌詞とメロディーが鶴岡さんの心に生まれて……最初は『電

話で夢を』ってタイトルだったとか。

鶴岡　それで作詞家の池田充男と相談して、じゃ、それにしようかな、と。

奥様　三條さんがはいったときが面白いんです。最初クラブに見に行って歌を聴いて、ウチの所属事務所の社長さんが、あ、ダメだ、ダメだっていって、主人が3カ月だけ待ってよっていって、やらしてみようって。

タブ　それで『小樽』作ってレコーディングきめてきちゃった？

奥様　それでヒットしたんです。作詞家の方の奥様が小樽出身で、絵になるところが多いし。

タブ　それで『粉雪のラブレター』という原曲から、あれを小樽にしようってことになったんですね

鶴岡　作詞家の世界で、私だけじゃなくて、当時、「……のひと」っていうのがけっこうはやってたの。だから、小樽のレコード屋のご主人が、この曲は出るって。宣伝するから、地元の地名を入れてくれって。それで「塩谷の浜辺」とかいれたわけ。そしてタイトルも変えようで『小樽のひとよ』になったの。

タブ　北島三郎さんの『――の女（ひと）』シリーズも出ましたよね。それに「よ」をつけて。

鶴岡　でもタイトルは切り替えてるけど、きっかけは同じ。

タブ　有沢さんが駅の公衆電話で電話してた光景を見て、というのは聞いたことがあるんですけど、それは小樽ではなく釧路の駅だったと聞きました。

鶴岡　えーと、当時は移動は機関車なんですよ。釧路の駅であいつがホームで電話してる。列車の真ん中へんで見てて、そこから改札から出たところのあたりに電話があったの。それで、あいつ、電話してるよ、これ（と小指を立てて）できたんだよって。

タブ　これは聖地ですねぇ。釧路駅。『粉雪のラブレター』でもすでに手ごたえはあったんでしょうか？

鶴岡　『粉雪のラブレター』でも手ごたえはあった。小樽のレコード屋の社長さんが、これは売れるって太鼓判おした。

タブ　素朴な疑問ですが、『小樽のひとよ』のジャケットが写真じゃなくて絵になってるんですけど。これはB面も違う方の唄ですね。

鶴岡　あ、当時はね、売れてないから、おカネ出してくれないんですよ。宣伝でも安上がりにジャケットも、売れる前だし。

奥様　でも、あんなのないから、けっこう斬新かも（笑）。

クビ寸前だった三條さん

タブ　『夜霧のドライブイン』というのは、『小樽』のあとだったんでしょうか？　こちらはちゃんとカラー写真で

すね。
鶴岡　「夜霧の」は前じゃないかな。売れる前だった。何とかオリジナル作って売ろうとがんばった時代ですよ。レコードにはしたけど売れてないし、でもやっぱり三條が入ってるな。でも売れなかったな。これを出したときもうちの社長が、三條をクビにしようって。3カ月待ってくれ、それでだめならクビでいいだろと。

左端の有沢さんが大ヒットのもとになったドラマの主人公です。

タブ　え？　三條さんをクビに？
鶴岡　社長は、三條の歌が下手だと。
タブ　あんな逸材を……。意外なお話ですね。
鶴岡　歌は上手くはないが、私は磨けば光ると思った。入ったばかりでコチコチで。でも何とかしたいって、3カ月やってみて。これでいくしかないと。
タブ　鶴岡さんは三條さんの、具体的にはどこがよかったと

B面、堀田利夫さんは後に弟分「ジョイベルス東京」のリードボーカルに。

感じたでしょうか？
鶴岡　声です。だからかたいけど、売れるんじゃないかと。
タブ　『小樽のひとよ』とか三條さんのあの独特の声有りきで作ったのかなと、三條さんじゃないとありえないような……。
鶴岡　必死になって唄ってた。
奥様　三條さんだから唄えるって。
鶴岡　三條くんは私が作った歌以外はよくない、おかしいね、この2人の関係は（笑）。
タブ　三條さんの声は鶴岡メロディに絶妙にハマりますよね。合っちゃったと。
鶴岡　そう、合っちゃったの。だからそれを社長がクビにしようっていって、はい、わかりました、じゃ今はない。
タブ　運命の分かれ道ですね。その社長はあとは？
鶴岡　まあ、私がレコード会社にいってレコーディング決めてくるし、音楽に関して本来、社長は何も言えない。社長はレコードのこととかまったくセンスが無い。

芸音ビルの別名は「ロマンチカビル」

タブ　社長さんは、どのようにして知りあわれたんですか？
鶴岡　たまたま運転で私たちが仕事してて横浜行くときとかの運転手やってもらった。そのうちに本人が男にしてくれ、独立がしたい、協力してくれないか、悪いようにはしないよ、って。よしわかったたって、独立して会社にロマンチカが入った。
タブ　なんという事務所だったんですか？
鶴岡　芸音。
タブ　あ、芸音ですか！　じゃロマンチカで芸音は大きくなったと。本人がナベプロみたいに、元バンドマンだったとかぜんぜんないんですか？
鶴岡　音楽関係ない。
タブ　コロムビアに移籍したのは芸音が関係してたんでしょうか？　キットレーベルという新しいレーベルですね。
鶴岡　キットね。キットは面白かった。
タブ　移籍第1弾は『君は人妻』。これが移籍第1弾で、ぼく的には、当時NHKラジオの『にっぽんのメロディー』という番組を毎日テープに録ってて、そこで流れたこの曲を繰り返し聴いていました。
鶴岡　『人妻』は私じゃなくて、B面がぼく。私と芸音でよくケンカしてたんですよ。千駄ヶ谷にビルまで建ったんですよ。芸音ビルって。それも売っちゃったんですよ。
タブ　でも恩人ですよね、鶴岡先生が。
奥様　ぜんぜん感じてないですよね。でも鶴ちゃん、鶴ちゃんて。
鶴岡　鶴さんを育てたのはオレだって（笑）。

タブ　三條さんもグループに不満はあったわけではなく、事務所に対して……？

奥様　事務所に不満があったから、2度出たんです。でも1人でやっていくと大変だから戻って来たんです。

鶴岡　戻って来たとき、ぼくは死ぬまで鶴岡さんについていくって、自分で先に死んじゃった。

タブ　三條さんが出たラジオとか子供のころから聴いているんですけど、ぼくは一生鶴岡学校の生徒っておっしゃってて感動しました。

鶴岡　出た時は、曲作ってお祝いにあげた。1人で出来ればって。

ツインボーカルも導入

タブ　浜名さんを入れたというのは？

鶴岡　これは、ウチの社長の心配性。どっちか1人ではなくて2人用意しておこう、ツインボーカルでいこうと。

タブ　社長は三條さんをもう認めてはいたけど、もう1人いたほうがいいと？

鶴岡　彼も別に異存なかったから。

タブ　三條さんも不満なくて？

鶴岡　おれは先輩だからって、かわいがってた。

タブ　お2人は仲が良かったんですね。ファンとして嬉しいです。

奥様　ホント、仲良かったわよね。三條さんも独立したころは全然テレビに出られなくて、帰ってきたらテレビに出れるの。どういうボーカルでもウチはテレビに出てた。顔知らないボーカルでも。

タブ　ぼくがロマンチカの大ファンになったのは、小学校6年の時なんですが、そのころもテレビで玉置宏さんの司会で『三大ムードコーラス夢の競演』っていうのがあって、マヒナとクール・ファイブとロマンチカ。その時、浜名さんともう1人のボーカルは高木博也さんでした。

奥様　博也もいたよね。

鶴岡　浜名はセカンドボーカルでちょっとかわいそうだった。

奥様　三條ファン、浜名ファンと2つに分かれてた。

タブ　浜名さんは青春歌謡っぽい曲が合いますよね。もともとソロで青春歌手だから。『夢のふるさと』っていう歌が好きなんですけど、B面とかは浜名さんが担当されているパターンが多いですね。

鶴岡　三條が居るからしょうがないでしょ。先輩だし。

タブ　『星空のひとよ』で初めて、浜名さんがA面でソロとられた。

鶴岡　『星空のひとよ』は、三條が『ひとよ』シリーズはもういいよって。『小樽』からずっとでもういいよ、だったら浜名がうたえばって。

タブ　三條さんがもし唄っていたら、3部作完結でまたよかったですね。B面は『霧色の涙』で奥山さんがリードをとられていますね。
鶴岡　奥山ってベテランで私より古いんじゃない。前のバンドで三條とやってた。
タブ　ムーディスターズで。裏声はみんな奥山さんですよね。奥山さんも亡くなられて……。
鶴岡　みんないなくなっちゃった。
タブ　ムーディスターズって、引き抜いた時、山下洋治さんともめたりはしなかったんですか？
鶴岡　一度も会ったことないから。彼のところで飼い殺しになってたんだから、ずっと。三條は、メインにいなくて、うしろにポツンといて1曲だけ唄うとかそういう扱いだったから。
タブ　あとで悔しがったかもしれないですね。他のグループで言うと、ジョイベルス東京に鶴岡さんが曲を提供されていますね？『人生は二度来ない』とか。B面の『これが泣かずにいらりょうか』も好きです。ジョイベルス東京とかは、どういうつながりはあったんですか？
鶴岡　えーと、うちと同じ事務所。東京ロマンチカの弟分という、そういう売り方。もう一匹のドジョウをねらったけど、どじょうになりきれなかった。
タブ　『夜霧のドライブイン』のB面が堀田利夫さんで、その頃からご縁が？
鶴岡　堀田利夫がジョイベルス東京のリードボーカルだった。同じ事務所。
奥様　堀田さんは名古屋に帰っちゃったかな。けっこう多かったんです、芸音は。ビリーバンバンとか。
タブ　フォークローバースが芸音でキットですよね。
奥様　演歌でも川中美幸さんとか。
タブ　まだ下積みのころですか？　春日はるみ時代かな。
鶴岡　デビューして、まだ当たる前。
奥様　あの、ペドロもいたし。
タブ　ペドロ&カプリシャスも。そりゃ社長も儲かるわけですね。
鶴岡　事務所はロマンチカビルっていわれた。

ロマンチカの聖地は新宿、横浜、そして小樽

タブ　どなたに会っても、鶴岡先生は人柄がいいってお聞きしたんですが、そういうこともあって、社長もちょっと増長しちゃったんですね。ちなみに芸音のビルはどちらに？
奥様　千駄ヶ谷のすぐ駅前です。
鶴岡　駅前の通りで、新宿に行く方向に、今はルイードがあるか。真向かいが駐車場になってる。あのころとまったく変わってるからね。

素敵な奥様も交えて。「鶴岡家のお手伝いさん」みたいにみえますね。

タブ　話を戻して、『咲かせて頂戴愛の花』の愛まちこさんのパッキングは、どこから来たお話なんですか？

鶴岡　これはロマンチカ売れる前、レコードだせるんだっておもったら、うしろでワーッとやるだけでした。

タブ　忘れられない思い出の場所が、ロマンチカビルの他には？

鶴岡　小樽の山のほうの「にしん御殿」が印象深いね。『小樽の人よ』が売れたころ、ほとんど小樽いってなかったの。歌碑ができて、家族で招待された。

タブ　ヒットしたあと、いつごろ行かれたんですか？

鶴岡　『北の国から』というドラマがあって、ドラマの後追いで行った。

タブ　だいぶ後になりますね。小樽のレコード屋さんが売れるといったのは人づてに聞いたということですか？　何というお店だったか、ご記憶ですか？

鶴岡　曲を聴いて、何を仕入れようか、昔は買い取ったから、これが売れると思ったのはたくさん仕入れてた。「玉光堂」というお店。いまあるかわからない。

タブ　そのレコード屋の社長さんとはどこでお会いになったんですか？

鶴岡　当時、小樽にも1度は行って「玉光堂」もいったかな。小樽の駅のすぐ前、ヒットしはじめてからキャンペーンで。

奥様　レコード出る前に「玉光堂」の社長さんが聴いてくれ

て、売れると。
タブ　『粉雪のラブレター』でキャンペーンで回られたんですね。
鶴岡　それでタイトルを変えましょうって社長がいったの。地名を入れてくれって。そしたら札幌で売りまくるって。
タブ　じゃその方がすごいですね。「玉光堂」さんもまだあったら訪ねてみます。東京でのロマンチカの聖地をしぼるとしたら……？
鶴岡　私たちは銀座には縁がなかった。新宿、横浜が多い。新宿で仕事終わって横浜にいってた。
奥様　「女王蜂」の隣にスマイリー小原さんの毎日出てたところにも出てた。
タブ　スマイリーさんが店先で呼び込みをしているのが名物だったと何かで読みました。ロマンチカはライブ盤が出てるんですけど、ノーチェックバーナがバックをやっていて。あれは？
鶴岡　新宿の「女王蜂」。ジャケットに写真が載ってる。そういうライブ盤はあります。
タブ　新宿は「ラセーヌ」とかは出演されていますか？
鶴岡　「ラセーヌ」は何回か出てる。えーと、「ラセーヌ」はコマの前だな、あの一角ですね。「女王蜂」はちょっと離れてる。「女王蜂」の地下に「スカーレット」っていうのがあった。
奥様　キャバレーなら渋谷にも「リキパレス」っていうのがあったんですけど、力道山の。そこにもよく出てましたよ。
タブ　「スカーレット」というのもよく出てくる名前ですが、どんな人が出ていたんですか？
鶴岡　デニー白川とかダニー飯田とか、菅原洋一さんとか。

三條のコブシが鶴岡メロディーにピッタリとハマった

タブ　菅原洋一さんといえば、よくバックをされていたロス・インディオスさんとも交流があったんですか？
鶴岡　ロス・インディオスとかはここ数年。ライブで一緒に事が多くて、1回、4大グループで全国回った。ロス・プリ、ロマンチカ、ロス・イン、マヒナ。「松森棚三」って名前で、4つのグループで、松は松平、森は森、棚は棚橋、三は三條。
タブ　それで仲良くなったと。それまではライバルだったんですか？
鶴岡　そういう感じはなかったけど、グループで回って仲良くなった。はじめてですね。みんな、いい人ばかりで。
奥様　打ち上げを毎回やってたみたい。
タブ　ぼくとしたら夢の飲み会です（笑）。東京ロマンチカの初舞台の場所はおぼえてらっしゃいますか?

鶴岡　やっぱり新宿の「女王蜂」かな。ショーをやったのは地下の「スカーレット」もあって、どっちかだな。地下はナイトクラブで夜遅かった。

タブ　三條さんが入られて、最初は歌がまだカタかったとおっしゃっていますが、それがうまく変わったのは、鶴岡先生の指導というのがあった?

鶴岡　それよりも、ぼくのメロディーと彼の唄い方がバッチリあったの。彼のこぶしが、ワタシの曲にちょうどいいわけ。節回しが。

奥様　あのうたいかたができる人がいない。よく他の人がうたってもうまくいかない。2、3日前も、知り合いからお電話があって、あの声を出せる人はいないって。ホントそうですよねって。

タブ　ほんと、三條さんのボーカルは、ぼくも永遠のあこがれです。鶴岡先生が一番好きなご自身の作品て何になりますか?

鶴岡　案外大ヒットした曲でなく、かわいい曲はヒットしてない曲のほうがね。ロマンチカ以外でもいい?

タブ　はい。もちろんです。

奥様　ひとつの曲を2人の作曲家に書かせたりしたこともあるんですよ。ひとつの詞を2人の作曲家に。大川栄策さんの曲で、あの寺山修司さんの詞に『あなたあじさい人の妻』っていう曲が。これが私は好き。

タブ　え、寺山修司さん作詞。ぼくも好きなんです、それは。知らなかった。

奥様　その曲を2人に作らせて、本人は知らないんです。レコード会社のほうが勝手に曲を作らせて、それを寺山さんに聴かせて選んでもらう。そしたらウチの曲を選んでくれた。そういうのもレコード会社がするんです。

鶴岡　『さざんかの宿』で売れる前。彼のアルバムには入ってるかな。

タブ　東京ロマンチカというと、好きな作品はなになりますでしょうか?

鶴岡　『涙のおもかげ』かな。B面だったか。

タブ　『君は人妻』のB面ですね。『雨のおもかげ』っていう曲も好きなんですけど。

鶴岡　あ、『雨のおもかげ』か。よく知ってるね。

タブ　2バージョンあって、最初のバージョンがけっこう好きで。とにかくずっとロマンチカ・ファンだったので、こんな日が来るなんて……。ホントに生きててよかったです。ご夫婦で、きょうはありがとうございました。

****

なんとも、スプーンにゆっくり薔薇の角砂糖を溶かすよう

なエレガントな時間。ムードコーラスの取材を越えて、「主婦の友社」みたいな記者に昇華されるようなご夫妻の西陽のきらめきがそこにありました。隣りを見れば、あぁ「山中企画」。

　遡れば、鶴岡さんに最初にお会いしたのはぼくがまだ「田渕純」だった頃。松鶴家千とせ的言い回しになりましたが、まだ〝元マヒナ〟の肩書きをひっさげての純然たる歌手であった15、16年前と相成ります。

唯一所有のカバジェロス。鶴岡先生のメガネの落書きは先代所有者の仕業です。

　何が人の縁になるかわかりませんが、ぼくはミル・マスカラスが揺りかご固めをやるような態勢で髪の毛をとぐ妙な癖があるのですが、その時に司会をされていた小林大輔さんが「君は面白い格好で髪をとぐねぇ」と声をかけてくださったのが呼び水となり「今度家内がやってる店に鶴岡雅義さんが来るからおいでよ」とお誘いいただいたのがその最初。小林さんはかつてフジテレビのアナウンサーで『夜のヒットスタジオ』でレポーター〝もぐらのお兄さん〟として出演され、半レギュラーだったロマンチカとはそこからのご縁……そういえば鶴岡さんはそのあまりの生真面目さゆえに同番組のコントではいじられキャラとなり不思議な人気を獲得しておられました。

　こうしてお会いしていてもどこかツッコミたくなるキュートな〝おとぼけ課長〟感を醸していたことも付記しておかなくてはなりません。付記しなくてよいか、スミマセン。

●コラム

◆北海道聖地巡礼①

~粉雪の小樽篇

このところ急にくしろづいてきました。くしろづく？　いきなり造語ですみません。すなわち、釧路に縁を感じることが多くなりました。遡れば、ぼくが初めて釧路の地を踏んだのはマヒナスターズ在籍も最晩年の、釧路のホテルでの公演でした。本物のししゃもは世界に釧路しかいないことを炉端沿いに知った旅。美味しくて涙がでました。

時を隔てて一昨年の春に、かねてからぼくのチラシやグッズ、そして前著に続きこの本の装丁をしてくださいましたデザイナー、ＰＯＮＳＫＹさんの故郷が釧路ということから紹介をいただき、ライブハウス「ラルゴ」さんでソロライブをやらせていただく機会を得たのです。マヒナから数えて17年ぶりに、粉雪ちらつく釧路の空に唄うことができて感無量の夜となりました。ここからやや主旨とはずれてしまうお話でご容赦いただきたいのですが、この旅の途上で「そういえばうちの父方の祖父は生まれが北海道ではなかったっけ」とぼこんと思いだし、何となくその場で父に電話してみると、「よくは知らねぇけど生まれは釧路っつったかな」とのこと。え？この広い北海道でいきなりビンゴとは。

さらに調べると、ちょうどその時にいた周辺がまさに祖父の生まれた地に近いことがキタキツネに化かされたかのごとく判明し、その弟子屈という地の「大鵬記念館」など観覧しながら、不意に昭和の大横綱の血が我が身にたぎることとなりました。柏戸西鉄ふぐちりどんとこい。ちなみに幼い時に亡くなってしまったぼんやり記憶のなかの祖父は「無口なカモシカ」という感じの方でした。橋本三太郎さんすみません。さらに……と続けたいところなのですが、いまタクシーメーターよあがるなとばかりにページ数を気にする山中さんの眉間をわられた顔がタコ入道のように浮かびましたので、ここは割愛し今回実現した釧路巡礼の旅にその奇縁を忍ばせたいと思います。この度もまた先の「ラルゴ」さんライブのための釧路行きとなったのですが、正直に申しますとこの本の取材が先にあっての押しかけライブといいますか。山中頭取からは気持ちいいくらい潔く「足代は出せません」ないし「勝手にやってください」と通達されましたので、ライブをやらせていただくことで旅の燃料をくべる格好です。そこまで駆り立てたのはやはりロマンチカ愛。小樽は勿論のこと、その実際の舞台が釧路と聞いてはどちらも行きたい、目指すはガッツ石松も成し得なかった2階級制覇であります。

玉光堂小樽本店にて。今も愛され続ける道民の音楽の灯。

まずは小樽、こちらはもう降り立った瞬間から巡礼達成のようなもの。千歳空港から小樽行きの列車内ですでに鶴岡先生のレキントが車窓の粉雪とともに降り注いでいました。さらなる奥義としては「もっと小樽を強調したらこの曲は絶対売れる」と言い放った店主がいたというレコード店の空気にも触れとかなくてはなりません。その鶴の一声で関係者をわちゃもちゃさせ改題に至らせたというのだからとんでもない小樽歌謡界のナベツネです。

その「玉光堂」は今も駅前の新興スーパー内の一角に健在であり、若い店員さんを困惑させながらのガラケーショットに成功したのでありました。が、しかし、何か物足りないこの感じ。本物は郊外にありと踏んで、駅前で煙草をふかしていた年輩のタクシードライバーさんに聴き込むや果たして到達したのが旧「玉光堂」跡、今は失きがらん堂を囲む工事板塀の玉虫色です。こりゃつまらん。残念ながら近年跡形もなく壊されてしまったようです。仕方がないので向かいにあった国宝級銭湯跡「だるま湯」も弊賞して在りし日を偲びました。

このあと残雪を掻き分け現役の銭湯へ、湯気をたたえながら鈍行で江別駅へと向かったのはまた釧路がらみの良縁がひとつあってのこと、自分を待ってくださっていたのは作家の桜木紫乃先生。釧路のご出身で、この冬にラジオでお世話になっている大竹まことさんより紹介されました。大竹さんが若き日に老芸人と〝ブルーボーイ〟（おかまさん）と3人で釧路をどさ回りした体験を桜木先生が小説化して雑誌で連載されており、ぼくがある晩お2人の会席に呼び出されたのは大竹さんの釧路話がかねてから好きだったためでしょうか。その東京のバーでお会いして以来の再会、桜木先生のノスタルジーな原風景としての釧路をお伺いしながら、さらに自分の裡にあるクシロ細胞を地酒とともに培養させる美しい夜となりました。因みに桜木先生のご実家のラブホテルを題材にした直木賞作品『ホテルローヤル』は素晴らしい小説でしたが、昭和40年代に八丈島ローヤルホテルが出資したというインディー歌謡レーベル「ローヤルレコード」を次回作のテーマに据えているぼくはもはや出版界の開き直り賞を狙っております。ね！　山中さん。

「だるま湯」跡。この後、運転手さんの案内で現役の湯船へ。

旧玉光堂跡。またも滑り込みアウト。

◆北海道聖地巡礼②

～伝説の釧路篇

札幌の安宿に1泊したあと、翌朝は「おおぞら3号」という列車に乗り込みました。一見特急っぽいネーミングですが、ガタゴト感溢れる牧歌的なその眺め。車両はやがてぼく1人に。「おおぞら」ってひらがなだとなんだか悲しい……。

4時間半のうつらうつら紀行を経て釧路駅に到着しました。ホームに降り立つや、とにかく衝いて出た言葉は「さむい」。ぶぉんぶぉんと雪まじりの風が、海風なのでしょうか、ただでさえ遅い一挙手一投足を果てしなく鈍らせます。このまま凍ったら、釘を打てるバナナよりは、こぶしで粉々に砕かれる薔薇になりたい。跨線橋をまたぎ、そう、この上りホームこそは鶴岡先生に『小樽のひとよ』の草案が芽生えたという石の上。件の公衆電話はさすがに見あたりませんが、3等列車の窓からメンバーの純愛をひやかす若きロマンチカの面々を思い浮かべるとつかの間心もほっこり。名作はいつも不便と我慢が産んだ神からのご褒美です。

ここでホームにただ1人いた、いわゆる〝鉄オタ〟らしき男性に写真をお願いして、ポケットから携帯電話を差しだしたのですが、ガラケーに困惑させるそのさなかにしかも電池切れ。二段いやがらせのようになり鉄オタさんをオタオタさせてしまったのでした。ごめんなさい！

やむなく改札を出てまばらなタクシー窓をひとつ覗きこむとおばちゃんドライバーが花のようににっこり笑ってくれました。投宿先を告げたあと、寒さに麻痺した唇が「あのー、『銀の目』というキャバレーがあった場所を知らないでしょうか?」と思わず亡霊のような質問を投げかけていたのですが、「え？『銀の目』だったら仲間のさっちゃんがそこで長く働いとったのよ。聞いたげるわ」と事も無げに無線で交信を始めたではありませんか。ちなみに「銀の目」は釧路の栄華を象徴した今は亡きグランドキャバレー、旅の前にリサーチしておりました。

まもなく到着した釧路川沿いのホテルに路肩寄せるや同じ色柄のタクシーがききっと止まり、窓から顔が出てきたのは件のさっちゃんのようです。

「このお客さんがなんか「銀の目」の跡地見たいっていうからちょっと案内してあげてよ」

さして表情も変えず「どぞ」と扉が開かれその車へ乗り込むや、「じゃね」と先任車は走り去って行きました。なんともすばやい「銀の目」対応です。ではここで車内でお聞きした元「銀の目」ホステスドライバーさんによる魅力的な語りをどうぞ！

＊＊＊＊＊＊＊＊＊＊＊＊＊＊＊＊＊

「銀の目」では20年くらい働いていました。最初は接客で、最後のほうは会計係やったりして。主人が漁師だったんですが釧路の漁港もだんだん傾いてきてね、それで少しは生活の足しになればと。でも主人も早くに亡くなっちゃって、あとは自分の生活のために細々とね。「銀の目」もだんだんお客さん入らなくなりましてね、でもおぼえているのはビジーフォーがショーやった時。全国廻って解散するっていう最後が「銀の目」だったみたいで、あの時ばかりは客席が溢れて立ち見になるほど、圧巻でした。でもあの日だけ。「銀の目」はいくらお客さん少なくなっても最後まで生バンド使ってたのはかつての意地だったんでしょうねぇ……。

＊＊＊＊＊＊＊＊＊＊＊＊＊＊＊＊＊

かつての水商売らしい片鱗もなく、控えめに自分のすっぴん言葉で語ってくださるドライバー女史。後部座席から見る〝女の歴史〟たるうなじの後れ毛が車窓のすきま風にそよいでいます。案内してくださった「銀の目」跡は投宿先ホテルのほぼ真裏の広々とした時間割駐車場となっていました。きらびやかな娯楽の数だけ増していった料金もいまはただの殺風景な放置プレイに。車の数もまばらです。ホテルを一周するような形で他のキャバレー跡も次々と示してくださるもそこには雑居ビルが冬木立の如く林立するだけ。つわものどもが夢の跡です。悲しきメリーゴーランドのようにかつての釧路盛り場巡礼を終えると、ちと余談になりますがドライバーさんからすぅっと意外な告白が。「私、最近『ザ・ノンフィクション』って番組でなんかとりあげられちゃってね」え？　どうやら女手ひとりで奮闘する北の最果てタクシードライバー、みたいな感じで全国放送のＴＶに「主演」された方のよう。自分なんかよりよっぽど有名人だったわけです。ひょえ～。さらに意外な告白というか、「私、敏いとうとハッピー&ブルーの追っかけでした」というなんとも飛び道具なアイテムまで北の空に踊り、敏いとう勢力の凄まじさをまたもかみしめることに。静かなる女多羅尾伴内のような素敵なドライバー

最後まで「銀の目」を見届け、今は「こばと」の運転手さん。

さんに出会えていきなり満腹な釧路旅となりました。
実はこのとき、すでに例のコロナ禍がもういよいよのっぴきならないご時世にあったのですが、英断してくださった「ラルゴ」様での夜のライブも地元の皆さまを中心に盛況いただき、さらには階下が古本屋（こちらが母体）というお家柄もあるのでしょうか、ぼくの旅の主旨を汲んでくださり、当時の釧路繁華街の古地図や「銀の目」閉店の新聞記事の切り抜きまで親切にご用意して手渡してくださいました。そして記事には、そのこけら落としがマヒナの公演だったことが明かされているではありませんか！　なんとゴンドラ装置でマヒナが降臨したもよう。やはり釧路はマヒナの聖地でもあったのです。釧路もマヒナも時代と共に添い寝したということか。打ち上げ酒をしみじみ拝借しながら、遠い夜空に「銀の目」うるむ素晴らしき巡礼の夜となりました。

「銀の目」跡。残雪がどこか「銀の目」に見つめられているように映ります。

と、ここで終わっておけばよいものを……。

もうすでに「余は満足じゃ」な夜に違いなかったのですが、そんな殿様気分が思い立たせた殿様聖地。『なみだの操』が生まれた聖地も釧路だったではないか。だいぶ裏聖地だけど。（宮路オサムさんインタビュー参照）というわけで全然こことも確証は無いのに釧路に唯一残った老舗風俗店「ニュー東京」の看板と対面。これにて極まれり。「ラルゴ」の奥さまが案内してくださいました。わざわざ夜更けにカーナビを駆使して……。（中には入りませんでした。念のため）ところで「ラルゴ」は「きわめてゆるやかに」の意。またまた余談になりますが、ぼくが地元・相模原の東林間で働いていたスナックも偶然「ラルゴ」といい、和田さんの訃報に接したのも、その地下から這い出て携帯の電波を受け取った直後の一生忘れぬ冬の稲妻でした。あ、「ラルゴ」……。ぼくの悠長すぎる旅を「ラルゴ」に彩ってくださった雄大な音楽に乾杯！　皆さま、ありがとうございました。

P.S.この書を脱稿した丁度その頃に、悲しいかな「ラルゴ」様は残念ながら閉店されてしまいました。しかしそれは〝発展的解消〟。また釧路文化の灯がどこかでともされる由、最終日の電話口で店長の吹っ切れた声が教えてくださいました。再開のその日まで、ぼくも「ラルゴ」に生きてまいります。

＊カルトコーラス残響伝⑤

～ジョイベルス東京の巻

ネット社会になり、〝街の中古レコード屋さん〟が少なくなってしまった昨今をあらためて悲しく思います。その盤を指先を汚して棚から堀り当てた街の風まで思い出させてくれるのがレコード観賞の真骨頂。ぼくの中でイントロのエレキマンドリンとともに当時使い始めたヘアムースの匂いまでふわりと思い出させてくれるような名曲がジョイベルス東京の『我が青春に悔いなし』であります。

中1の冬、新宿小田急デパート催事場での発掘でした。現代社会を嘆きつつもぼくのような重箱の隅をつつく人間には有り難くもあるそのネットの海を泳いで元「ジョイベルス東京」のメンバーだったという方にお会いすることが叶いました。茅ケ崎の海風届く町でギター修理屋さんを営む重永剛さん、いきなりのお仕事とはそれた素頓狂な電話にも穏やかに対応してくださり、果たして伺ったご自宅兼仕事場でお会いするや電話口そのままのソフトな笑顔で足元のワンちゃんをあやしながら、静かに青春を懐かしむように思い出を語ってくださいました。

テイチクの自主盤は番号帯で年代もわかります。(45-39＝昭和45年3月9日)

＊＊＊＊＊＊＊＊＊＊＊＊＊＊＊＊＊＊＊

高校時代にエレキブームがきましてね、ぼくも友達とザ・ハンターズというバンドを組んでベース担当でコンテスト荒らしになるまでいったんですけど、就職の時期になりまして結局バンドは解散、僕も就職したんですがハンターズ時代に可愛いがってもらったダニー飯田さんの事務所の「蔵田功とナイト＆ナイツ」というグループに参加して昼は会社員、夜はナイトクラブという掛け持ちになりましてね。このグループで初めてレコーディングも経験しました。（筆者註：『無情の灯』昭和45年・テイチク特販）なぜかディック・ミネさんの自宅のスタジオでディックさんの指導を受けながら、貴重な体験でしたがプレスされた時にはもう抜けちゃってました（笑）。「ロイヤル赤坂」というとこに出てた時に知り合った元シャープ・ファイブの伊藤昌明さんの紹介で「ジョイベルス東京」に入ったんです。僕は本当はフルバンド志向でそういうとこ入って勉強したかったんですが、何事も経験と思ってね、あとシャープ・ファイブは学生時代からファンで、その方からのお話というのもあって。蓋を開けてみたらベースは辞めてなくて僕はあまり経験のないギターに回されちゃいましたけど（笑）。

ナイト＆ナイツからこちらに流れて、今はご近所の「マキちゃん」に（右）。

ジョイベルス東京は横浜の「おしどり」っていう美空ひばりさんの弟さんがやっていたクラブに専属みたいにして入ってました。だからその時の再デビューが『港ものがたり』だったのかな。ぼくが入った時はマンドリンの木村さん、リーダーもリードボーカルだった堀田利夫さんも抜けちゃった状態なんで本来の青春歌謡路線じゃなくなりましたが、ステージではヒット曲である『我が青春に悔いなし』は必ずやっていました。

そこで4年ほどはやって、今度はまたさっきの伊藤さんから「牧秀夫とロス・フラミンゴス」に欠員が出たと。そのバンドは十代の頃赤坂ラテンクォーターに知人に連れていってもらった時にお店に感動しながらバンドもさすが凄いなぁと思ってて、そこに入れるならとロス・フラミンゴスに入りました。やっぱりラテンクォーターの専属で華やかでしたね。でもキャバレー業界もそろそろ斜陽になりかけていたし、僕

非常に穏やかな重永さん。ガラケー自撮りも快くお付き合い。

販促用と見られるパンフ。右端は元マヒナの方ですね。

もその頃には女房子供もいたんで30歳の節目にしてスパッとこの業界から足を洗ったんです。

＊＊＊＊＊＊＊＊＊＊＊＊＊＊＊

重永さんのお話をざっとまとめさせて頂きましたが、「ナイト&ナイツの紅一点ボーカルは〝マキとマッキーズ〟（筆者註：東芝より70年デビュー）のマキちゃんでね、近所に住んでて今も仲いいんですよ」（2枚とも持ってる！）とか「僕を繋いでくれたシャープ・ファイブの伊藤さんはその後、末期のコロラティーノに行きましてね」（またコロラティーノ！）とか「ハンターズの1人はプロになって南有二とフル

左から４人目が三木たかしさん。ちなみにその隣りは「ポンキッキ」の方です。

セイルスに行きました」（おんな占い！）等々、節々にぼくにとってはムード果汁滴るワードが次々とさりげなく出てまいります。またロス・プリ大川さんインタビューにも登場した牧秀夫さんとは現在まで交流があるということでご自宅に電話を繋いでくださったのですが、現在病床にあるため残念ながらご本人とお話することは叶いませんでした。

会社員となってからは決意のもと一時は楽器も全て売り払い堅実な道を歩まれた重永さんですが、息子さんたちのボーイスカウトの会長も担っていたご縁でその大会で久しぶりにギター伴奏をする話となり、そこで昔の仲間に連絡をとるやたちまち全員が揃い「ザ・ハンターズ再結成ライブ」となったとか。これにてリアル〝わが青春に悔いなし〟です。

ギター修理はもともと子供の頃からプラモデル作りなどを得意とした探求心と手先の器用さから、バンドマン時代にも個人的に請け負ったりされていたそうで、エレキギターの構造を学ぶ意味でも役立ったという電気系の会社をリタイヤされてからご自宅に工房を構え本職としつつ、昔のお仲間たちとの演奏活動も楽しまれています。J.シャングリラの落合さんしかり。心から楽器を愛でる方は「修理屋」の道を歩まれているのですね。背後にあるギターたちがこの日も〝傷を癒す動物たち〟のように映りました。

最もコマーシャル（芸能界寄り）に音楽と関わっていたと

貴重な「ラテンクォーター」のしおり。

青春時代のバンド仲間は後期のフルセイルズに。南有二さんも現役とのウワサ。お車で僻地まで行脚されているそうです。お会いしたい……。

思われるジョイベルス東京時代の思い出話を伺うと、

「入ってすぐ事務所の芸音の社長に言われたのはゴルフクラブを買いなさいって。ゴルフもできないようじゃこの業界駄目だってことなんですかね（笑）。実際多少無理して買いまして、先輩のロマンチカさんなんかと地方だとゴルフ一緒によく回りましたし麻雀なんかもよく囲みました」

メンバーは皆和気藹々で旅先でも楽しかったという重永さん。実はこの少し前に、ぼくが所属しているお笑い事務所の月例ライブで使用している会場の管理人さんが何と元ジョイベルス東京メンバーの息子さんであることが劇的にわかったのですが、そのお父様の記憶は幼少時に朧気にしかないそう。そこから管理人さんのお母様、すなわちメンバー氏の元奥様が営む西新宿の小料理屋さんまで聞き込みにも伺ってしまい、申し訳ないけど思い出したくない、とのことでおこがましく余計な事をしてしまった、とちょっと悲しい取材を終えていたのですが、重永さんが語るそのメンバー氏は、

「シンゴちゃんね。明るくてムードメーカーでとてもいい方でしたよ。今どうしているのかなぁ」

との嬉しい述懐が。暗雲が晴れたようでその言葉をそのまま息子さんにも伝えさせていただきました。〝ジョイベル〟は歓喜の鐘、の意。お見送りしてくださった重永さんの穏やかな表情の中に『我が青春に悔いなし』の後奏のマンドリンがこぼれて聴こえてくるようでした。

＊カルトコーラス残響伝（番外編）

〜マイナー界における私的〝松森棚三〟とは？

ムード歌謡の詞の世界に出てくる主人公は、うまくいえないのですが、基本的にか弱く打ち震えるような女心、男心であれば悩ましくも不器用な背中……。そんなドラマが常であるように思えます。つまりは心の表面には見えない深淵、それゆえに詞には〝夜霧〟がやたらにたちこめるのか。と考えるとぼくが「うまい！」と感嘆させられるムード歌謡のボーカリストは、情念の炎は裡に秘めた上で、歌声にもなにやら青白いトロ火と紫煙が充満しているように思えます。

わかりやすくは、絵として煙草ぷかぷかなイメージを差し引いても石原裕次郎さんのようなちょっとくぐもった〝鼻にかかった声〟というのでしょうか。ソロでは黒木憲さんなんかも素晴らしいですね。我がムードコーラス界に目を向ければ、沢山の名ボーカリストが浮かぶ中、神がかったという点でいえば、その最晩年に結成されたスペシャルユニット〝松森棚三〟の皆さんこそ華に満ち溢れたトップテナー四天王としてまず異論はないでしょう。

ただここでは、残念ながらあまり光を浴びなかった方達。失礼ながら存在自体が〝もや〟に埋もれてしまった、そんな悲しみが針を落とす度プラスアルファされノイズの中で凄味さえ感じさせる、ぼくの中でのマイナーグループ界における絶品ボーカリストの四天王とは？　そんなカルトユニットをほろ酔い脳内のジュニアオールスターな祭典で勝手に選ばせていただきました。

「中川浩夫とザ・アンヂェラス」は昭和43年にデビューした、もとはハワイアンを基調としたグループかと思われます。というのもリーダーの中川浩夫さんは、ハワイアンの名門出身。その自前のグループでデビューする5年ほど前にソロ名義で『ガラスの窓』というB面曲を担当したシングルが出されているのですが、その名前の下に「大橋節夫とハニー・アイランダース」とクレジットされている事から判明しました。

ちなみにここでA面にてソロ名義デビューされたのが当時「バッキー白片とアロハ・ハワイアンズ」に籍を置いていた三島敏夫さんでありまして、三島さんこそ自分の考えるムード歌謡界のルー・テーズみたいな別格、最強ボーカリストなのですがそれはまた最終章に譲るとして、ここで光を当てるはその中川浩夫さんによって発掘された、アンヂェラスのトップテナーにしてファルセットもこなしたという、伊勢功一さんであります。

あれは12、13年前だったでしょうか、ぼくが「田渕純」としてドサ回りをしていた頃、大阪のスナックにて「あれ？まさかアンヂェラスの人？」と唄いながら一枚のポスターに

中央が小松さん。センターにしては控えめすぎる風貌がまたイイ。

中央の「クラスの優等生」みたいな人が渚さんです。

釘付けに。帰り際そこのママさんに伺うと、「あら伊勢さん知っとるん？ ついこないだキャンペーンで唄いに来られたんよ。連絡先わかるから伝えておこか？」との関西ならではの軽いフットワーク。そうして詳しい経緯は忘れてしまったのですが、ご本人とお会いすることがわりとたやすく実現してしまったのです。キタかミナミだったか、「新地」の高そうな割烹料理店のカウンターで、どこのウマノホネな自分を伊勢さんが接待してくださる形となり非常に恐縮したことをおぼえています。まさか将来こんな本を出せるとは夢にも思ってもいない身空でしたので、お話した内容はひたすら美酒のカクテルとなって通天閣の彼方に消えてしまいましたが、はんなりとした京都弁で紳士的、歌声そのままの品格ある語り口で、「歌が素敵な人はやっぱり人柄も素敵なんだ」とそれだけははっきりと心に刻まれています。

伊勢さんのボーカルの素晴らしさは筆舌に尽くし難いのですが、いま思い浮かべれば「そこはかとない」「奥床しい」という2つの表現がはらりと舞い落ちます。例えば台所でぼんやりほぐれるのを待っていたペヤング、その湯切りをしてるさなかにふと遣る瀬なくふわりと涙がこぼれてしまうような、いつのまにかじわじわと泣かされてしまう歌声……あれ？ 全然伝わらないか、すみません。

ぼくの好きな中原中也の詩の一節で、「あゝ秋が来た、眼に琺瑯《ほうろう》の涙沁む」というのが今浮かびましたが、そんな力無き風に震わされる感じなのです。ぼくの中のムード歌謡の名ボーカリストは、矛盾しているかもしれませんが〝非力力唱〟。そんな造語に言い換えられるかもしれません。

伊勢さんはしかしその底力ある歌唱力ゆえ、時代とともにディスコサウンドで装飾化してしまったアンヂェラス（『ヨコハマ物語』は和モノDJの定番アイテムでこれはこれでカッコイイのですが）に背を向けた後は、「卍」というフォークグループを率いてヒッピースタイルで『さすらいの美学』という宗教的ともいえる壮大なバラードでポプコンに入賞したり、『あしたに生きろ、バルディオス』でアニメソング界にも足跡を遺しました。

因みに〝覆面GS〟レンチャーズの『サイケカッポレ』B面の『ミックスモンスター』の正体はアンヂェラスで途中の

小芝居も伊勢さんだそう、恥ずかしげに披瀝してくださった横顔をはっきり記憶しているのでディープなGSファンの皆さまのみに向けて、いま秘密のメガホンでこっそり教えときま〜す。

割烹を出たあとも、お客のいないがらんとしたスナックで訥々とひたむきに歌を聴かせてくださった伊勢さん、確か本来の出自であるときいたジャズソングも素敵で夢の一夜でした。このたび押し入れから掘り出された写真を見ながら、またお会いしたいなぁとしみじみ。

……としみじみしている場合でなくここで山中さんのトイレを待つお父さんのような顔が入道雲の如くもくもくと湧き出てきましたのでなるべく早く歩を進めたいと思います！ 残るお三方、面識もないのですがペンに遠く愛を込めまして。

「渚一郎とルナ・ジェーナ」は新興のRCAビクター期待のヤングムードコーラスとして昭和43年にデビューしたグループ。ジャケット裏に載っていたプロフィールを見直しますと、元は九州で結成された「ザ・ホークス」というR&B系のGSで、偶々見に行った「マヒナスターズショウ」にすっかり魅惑され、その時楽屋にいた渚一郎と意気投合、ムードコーラスにリニューアル……といったようなことが書かれていました。

そんな、繁華街でダーツバーを共同経営していた若者たちが偶々入った飲み屋のバイスサワーに痺れて南千住で大衆酒場を開業、みたいなことがあり得るのか。また〝偶々見た〟とかいうのは昭和プロモーションの常套句で多少眉唾物なのですが、このボーカルの渚一郎さんが実にいいのです。何とこの方、元は内田裕也さんや田川譲二さんといったひと癖ふた癖、いや千癖あるような方々とともにブルージーンズのシンガーであったことは史実により明らかであり、ある日裕也さんに「よぉナギサ、てめえのフィーリングはちっともロケンロールじゃねえぞファック！」などと言われて泣きながら野良犬となってマヒナ家に辿り着いたのでしょうか。

いや本当にそう思えてしまうような、か弱すぎる疲れ切った歌声なのです。デビュー盤のB面『裏切られても』そして小ヒットとなり後に矢吹健らもカヴァーする『女ですもの』といった悲恋ソングではもはや浮遊霊、その消え入るような

右端の方は落合さん（元J. シャングリラ）宅二階でカラオケ教室をしていたそうです。

前列左端が伊勢さん。デビュー曲は唯一オリコン92位に顔を出しました。

ボーカルに吸い込まれ、憑依されます。

そしてこのグループ、現実にも「裏切られても」な出来事が。ＲＣＡと聞いて思い浮かべた方もいるかもしれませんが、翌年にはクール・ファイブが社内に大旋風を巻き起こします。ルナ・ジェーナはその影に単に消え入ってしまっただけでなく、何と陰ながらその橋渡し役までしてしまっていたのです。というのも、ルナジェーナのデビュー曲『銀座の恋をサッポロで』のプロモーションとしてＲＣＡ営業部の部長がマスコミ用にと2枚取った札幌行きチケットのうち1枚が何故かキャンセルに。勿体ないからと穴埋めで同行した部下の課長が挨拶回りとして訪れた先の北海道放送で運命が変わりました。

この面会した人物がディレクターの新居一芳氏、すなわち作曲家の顔も併せ持つ筆名・彩木雅夫氏であり、『長崎は今日も雨だった』の作者になるのです。つまり結果的にキューピッド役になってしまった……。

詳しくは長くなるので手短に書きますが、彩木氏が長崎のクラブ「銀馬車」から託されていたデモテープをＲＣＡの課長が持ち帰り、それがクール・ファイブのデビューへと繋がったのです。またそのディレクターが転身したばかりの元マヒナスターズ山田競生氏となるのだから何とも皮肉な話。すっかりお膳立てをし尽くして自らはひっそり身を引いていったさまはムード歌謡の悲恋女子そのものです。


ぼくは後年、歌声喫茶「ともしび」で働いていた頃に、先輩のちょっぴり遊び人な金髪ともしび店員さんが飲みに誘ってくれた先で「へぇ〜お前さんはムード歌謡好きか。そういえば俺の行きつけのスナックのマスターが渚一郎って元歌手でさ、小指立ててこれもんで唄うわけよ、♪おんなです〜もの〜ってもう泣けるんだ、飲み過ぎて手ぇ震えて血ィ吐きながら唄ってんだから」。

などと聞かされ一瞬にして酔いが覚めて真っ青になってしまったことがありました。その20年ほど前の時点でお亡くなりになられたと聞きましたが、とにかくも墓銘碑としてその名をここに刻ませていただきます、渚のさざなみのように、合掌……。

「小松おさむとダーク・フェローズ」は昭和42年『庄内ブルース』でデビューしました。グループの詳細は不明ですがこの曲の作詞は〝横山パンチ〟、何と後の上岡龍太郎さんなのです。上岡さんといえば東芝時代のマヒナスターズが大形久仁子（現内田あかりさん）を迎えた昭和43年のスマッシュヒット『私って駄目な女ね』の作詞も手がけ、実はキレのある毒舌の裏でムード歌謡的女心を併せ持った人物であることは意外に知られておりません。

で、このダーク・フェローズのボーカル小松おさむさんがまた素晴らしいのです。その風貌から「泣き顔おかめ」と勝

十年ほど前、大阪のスナックにて、伊勢功一さんと。さらに渋みを増して。

手に愛称をつけているのですが（スミマセン）、この方のお声はとにかくメソメソしてるというか、脇腹でもつついたら一瞬笑ってくれるけどそのままぐしゃと地面に倒れてなよなよ朝まで泣き伏してしまうようないじらしい女心。悪くいえばうじうじ。しかしぼくも人生なめくじ系なので夜中に針を落としては傷をなぐさめあう関係がかれこれ思春期から続いております。代表曲は昭和43年『小雨のアムール』……そうだ、この人の声は小雨だ。なかなか人はシトシトとは唄えないものです。小雨もまた非力力唱。この名曲は同じクラウンの先輩ロス・プリモスによって唄い継がれ、めでたく高円寺のスナック「リリー」のチイママさんの閉店スタンダードになりましたとさ。

最後です。昭和43年『愛のふれあい』のれっきとしたヒット曲を持つ「TOKYO99」を率いた沢ひろしさんをマイナー枠に持ってくるにはやや忍びないのですが、ご本人の消息を探るうちに山中タイムリミットを迎えてしまいました。実はインタビューも敢行できたロス・インディオスさんとご一緒したディナーショウには『愛のふれあい』を昭和46年にリメイクヒットさせたトリオ・ロス・ペペス（いまなお現役！）さんもご一緒していたのですが、創設メンバーの菊池明さんに伺ったところ「TOKYO99」とはなんの人脈的繋がりもないことが判明、つい沢ひろしさんから何らかの事情で離れ

このＢ面の正体がアンヂェラス。売れたら正体を明かす予定も誰も呼ぶ者はいなかった。Ａ面はハニーナイツとの説も。

た三人がペスとなったと思い込んでいた自分は長年の過ちを恥じました。

そして菊池さんから「沢ひろしさんとはお会いしたことないけど、歌手やめてラーメン屋になったとか聞いたなぁ」と衝撃的証言が。あの絶品、〝魅惑のエクスタシーボイス〟（デビュー盤『愛のふれあい』キャッチコピーより）を差し置いて朝まで鶏ガラ出汁をぐつぐつ煮こもうとは、一体どんなエクスタシーラーメンを着丼させたことでしょう。そう、沢さんのお声は上記の3人に比べるとちょっぴりエッチ、東スポの中面をこっそりのぞく行為と針を落として漏れくる沢さんのお声は同義語、ぼくの含羞の一ページでした。「松森棚三」という満月の影にひっそりと咲く、ぼくの中での〝小伊沢渚〟という月見草。CDのデジタルな音でない、レコードのノイズの漣にこそ映える、静かに寄せては返す夕凪の唄声たちです。

P.S.ムードコーラスマニア仲間のOさんから、沢ひろしさんは10数年前まで、なんとブログを開設され、自らの体験をふまえたムードコーラス史をかきこまれていたとの情報をいただきました。現在はいかなる事情か削除されているとか。もしこの1ページを沢さんご本人が何かの運命のいたずらでお読みになった暁には何卒〝愛のふれあい〟を！

＊カルトコーラス残響伝（番外編②）

～ムードコーラス界の〝X-JAPAN〟とは？

「サザン唄います」と言って♪好きですサッポロ～などと歌い、森雄二とサザンクロスでした、てなネタを先輩のBBゴローさんという業の深い芸人さんから教わって、たまに寄席でおろして幽かな笑いを頂戴しているのですが、さすがに「X（エックス）唄います」と言って♪お助け神様ほとけ様～などと歌う勇気は持ち合わせておりません。なんだそりゃ？というわけでムードコーラス界にもロックな魂を持ったXがいたというお話を聞いてくださいますでしょうか。

遡れば、あれはぼくがまだ〝田渕純〟という名前でソロ歌手として1人でドサ回りをしていた頃、場所は大雑把ですみません、真夏の九州のどこかだったと思うのですが、その日一緒に共演するという女性演歌歌手の方と、舞台前に打ち合わせがてらの軽食をしていると、そのお付きの初老の男性が会話の流れで「ぼくもムードコーラスだったんだけどね」とことも無げにぽつり。

えっ？　思えばまわりから〝マツイ先生〟と呼ばれているその方が、ぼくのムード思考回路のなかでちゃかちゃか巡り〝ジャンゴ松井〟というワードを弾き出すのに果たして時間はかかりませんでした。

「ジャンゴ松井とザ・エックス」

そのアナーキーなネーミングセンスを裏切らぬ、香港マフィアに赤塚キャラをまぶしたような怪しいビジュアル、そしてテイチク→コロムビアと一見メジャーなレコード会社を渡り歩きながらもよく見れば規格外の狂ったレコード番号帯は自主制作盤を意味し、ごく一部のムードコーラスマニアのさらにごく一部の数奇者を「なんだこりゃ？」と混乱に陥れていたグループ、その総本山が流れ着いた片田舎の町でどうしてか目の前に。

この日のシュールな出会いから、時の流れのなかでいくつか飛び石のように良縁をいただき恩恵を授かったのですがそれは後に譲るとして、今回この本にあたって、これまた久し振りにお電話をすると、ますます仙人の境地になられたであろう時間軸の違うお声が受話器からゆるやかに漏れてまいりました。

「生まれ育った静岡の山奥で高校までひたすら野球をやってたんだけどね、なんだか知らないけど急に音楽に目覚めちゃったの。上京してラテンのトリオから始めてジャズなんかもかじったんだけどお笑いに流れてね。付け髭して、コミックバンドだね。演芸場？　それは出たことない。そんな実力ないから（笑）。とにかく沖縄から下町のキャバレーまであちこち出まくってそこで稼いだ金を全部レコードつくるのにつぎこんじゃうわけ。ぜ～んぶ失敗したけど（笑）」

メジャーな会社から〝特販〟という扱いで、きこえはいいけれど実体は持ち込みで自己負担する場合、一体どのくらいの資金がかかるのか。いまもあるシステムと思われるのですが、時にこれに手を染めてしまった地方歌手さんなんかが郷里の畑も手放し〝しんしょうつぶした〟という悲愴な話も耳にしたことのある危険な駆け。ここらへんを深く突いて見たかったのですが、「そんな額はもう忘れちゃったね〜。かっかっか」と涼しく受け流され、自らの下卑た根性を恥じました。ついでに「ジャンゴ」や「エックス」という名前の由来についても「ぜ〜んぶテキトー。意味なんてないんだよね〜」

う〜ん、なんというか素晴らしい。こんな向こう見ずなあきれた突撃兵ぶりがいつしか実を結びます。謎の飛来物Xは銀の星となって「悲しくないわ」と囁き水商売に生きる夜の蝶たちの密かなる応援歌に。唄うは〝松井久とシルバースターズ〟、通信カラオケにもあります。

「あぁ、その頃ね、スポンサーの人間がなんか知らないけどシルバーってつけたの、あれだって持ち込み、ぜ〜んぶ持ち込み」

他にも、貧しい農村漁村の少女たちが石炭船の船底に隠されて遠い異国で〝春をひさぐ〟悲しい歴史を唄った『からゆきさん』は唯一のオリコンチャートの93位、束の間ながら93粒の銀の涙に。いずれも有線やスナックをしらみつぶしに回って甲斐甲斐しく〝ヒット〟の花を咲かせたのだといいます。

そんなジャンゴ先生のうるんだ慧眼にこのぼくも吸い込まれたのが6、7年ほど前のこと。先の九州で出会った演歌歌手、秋山涼子さんのお相手役に選ばれたのです。くしくもXと同郷のテイチクから『東京大阪しのび愛』、しのびない売上になってしまったのですが……。〝タブレット純〟としてイロモノになっていたぼくにまたムード歌謡歌手としての

仲良くつけ髭。アメリカンプロレスによくいるギミック４兄弟のよう。

しゃぼん玉をそっとふくらませてくださいました。

そしてその伏線には、あの東日本大震災の影も偲ばれます。〝田渕純〟生活もエンディングの頃、宮城県は東松山の「かんぽの宿」さんのステージを何度となくブッキングしてくださっていたのですが、その何度目かの旅を数日後にひかえた折にあの大災害が。あのホテルも牧歌的な駅もみんな海の果てに……。

そんな悲しい記憶をふまえ、何か深いえにしや天啓をぼくに感じての抜擢だったと当時おっしゃってくださいました。さまざまな思いを馳せながら、ずっと音楽に賭けてこられた人生を電話越しで総括していただくと「そりゃあもうキチガイだよね、キチガイ（笑）。でもね、死ぬまでやっていきますよ〜」

ぼくだってキチガイです！　思わずそう返しておりました。放送禁止、世の中では許されなくなってしまったこの言葉ですが、山中企画紙上ならばすべからく美辞麗句になりましょう。調べるとジャンゴとはジプシーたちの言語、ロマ語で「私は目覚める」の意があることがわかりました。永遠の旅のなかで永遠に目覚め続けるスペシャルシルバーな松井先生は、２度の脳梗塞も克服し今日もライトバン「涼子号」でニッポンが忘れた道をひた走ります。

ジャンゴ先生の閃きでこの世にも奇妙なデュエットが。今見ても静かに狂ってる感じ。

和田弘とマヒナスターズ

田渕　純

豊川ヒロシ

和田　弘

伏見　洋介

浅野　和典

最終章・マヒナ浪漫紀行～我が出自を訪ねて

三島敏夫邸で大発見！　最も初期のマヒナスターズ！

●コラム

◆マヒナ浪漫紀行①

郷愁の戸越銀座篇

ちょっとキザな、物々しいタイトルをつけてしまいましたが、ぼくが日々舞台に立てるのも、こうして山中企画専属作家として紙幅を費やせるのも、全てはマヒナスターズにスカウトいただいたお陰と断言できます。そんなマヒナという生まれ故郷を辿る旅をこの本の終幕とできたらとの所存です。

遡れば幼稚園時代、「おしっこしたい」のひと言が発せぬあまりにお遊戯中ついにコト切れて床に大胆な水溜まりを描くほど内気な自分でしたので、人前に立って唄うなど蚊とんぼが象皮を刺すくらいありえないことだったのですが、マヒナを入り口として社会生活は麻痺され、晴れてふわふわと非現実を漂える身となれました。社会生活といっても、もともと高卒後は小さな古本屋の店番とテレクラのティッシュ配りに明け暮れていただけの歳月でしたので、無味乾燥な日々に突如もたらされた竜宮城、それがマヒナだったとも言い換えられます。あ、その古本屋は潰れてしまい、マヒナに入った頃は介護ヘルパーの仕事を……あ、この会社も1年あまりで潰れてしまい、思えばマヒナも全壊一歩手前の状態に忍び込んだわけなのでなんと潰しのきいた人生でしょうか。

話を戻してマヒナ、その入り口となったのは戸越銀座にある1軒のカラオケ教室を尋ねたことからでした。「マヒナカナリヤスクール」、確かそんな愛らしいお名前だったかと思うのですが、第一京浜沿いにあった、思い返せばちょっとシュールで牧歌的な小さな一軒家も今は無く、ぼくを教えてくださった日高利昭先生も十年ほど前に泉下の人となられました。しかし折に触れて日高先生の奥様からは今も連絡をいただき、酔い渋る肝臓などを案じてくださっています。ちょうどこの本を執筆中にもお電話をいただき、聞けば「スナックマヒナ」を昨今のコロナ禍もあってついに閉めてしまったとのこと。先のカラオケスクールも夜はスナックとして営業されていましたが、場所を中延のほうに変えて長らく「ママ」でもあった奥さま、そのささやかな労いなどもさせていただけたらと久し振りの再会となりました。

お住まいから近い戸越銀座商店街の中にあるちいさな小料理屋さんでお友達とともに迎えてくださり「ほら純ちゃん、沢山お食べなさいよ」と世話好きなさまは昔と変わらずで歳月がすぐに巻き戻されます。奥さまは当時からお友達が多く、カラオケスクールの生徒さんたちのリーダーたる風情もあり、日高先生を教師として昔の夕暮れ女学校の部活みたいな

師・日高先生の華やかなりしステージ写真。奥様に撮っていただきました。

雰囲気をたたえていました。その中に突如異物が1人……。「そんなにマヒナが好きなら歌、習ってみたらどうだ?」と初対面にしてそう語りかけてくださった日高先生、その一言が全ての幕開けとなりました。ぼくがメンバーになれたのは奥さまはじめまわりのおばちゃんたち、失礼、生徒さんたちの後押しも大きかったと今にして思います。もともとは〝取材〟の名目でよれよれと現れたド素人が、カラオケを習ってたった3ヶ月程度だったというのに。そしてそこにはとあるメンバーの脱退劇に触れなくてはなりません。例の分裂騒動? 否、それにも加えてさらなる弱り目に祟り目たる非常事態が。主要メンバーがごっそり抜けちゃった上に、急遽立ち上げた「新生マヒナスターズ」の核になるはずだったお1人も年明けの御披露目をあとひと月に控えたという年末にトヨノボリのごとく失踪してしまったのです。そうして冒頭にもふれましたが、事情もわからぬままここ戸越銀座に呼ばれたぼくは習っていた『泣きぼくろ』1曲を唄ってリーダー和田弘さんの「よし、入れ」の号令にてその晩からほくろの一点のようにマヒナスターズの一員になりました。

雲の上たる存在だった方にオイオイ! いいのかよ! などと頭をはたくこともできず。そんなこんなを思い出しながら、奥さまとお友達の奥さまと、つぶ貝の取りだしなどに苦労しながらしみじみ夜が更けてゆきます。お2人とも飲まないのにぼくだけがウーロンハイに顔を紅潮させながら。

日高先生は象のように無口で優しい方でした。マヒナOBがこぞって評するのは「シータカがいたからマヒナはあれだけ続いたんだよ」。シータカとは日高先生の愛称です。まさに縁の下の力持ち、全盛期にはひょっとしたら一番目立たない存在だったかもですが、いつも端っこでノッポな身体を寄せて、電信柱のように音楽のパワー供給源であられた方。そして誰しもに「努力の人」と聞きました。
ぼくもそうあらねばと念じつつも今宵足元はまた羽ばたきを忘れた千鳥足に。「純ちゃん相変わらずのんべだわね、もう若くないんだから気をつけなさいよっ」

日高奥さまと。心は 20 代に帰ります。

45才と10ヶ月、奥さまにもたれかかる視界にはあの頃の風景が。商店街は20年近く経っても情緒はあまり変わらず、ひと昔前にはよくあった個人経営のカラオケボックスもまだ健在のようでした。ここでレッスン前によく自主練をしていたっけ。飲みながら。

そういえば、マヒナに入るとなった天にも昇る境地のまま連れられたあの屋根裏部屋のようなお寿司屋さんは……。残念ながら建物は残すもデリバリーな餃子屋さんに様変わり、しかしあの時の興奮が蘇ります。お寿司屋さんには先客が1人酔いどれていて、それがザ・タイガースのトッポだったのは、かえすがえすも美しき神の悪フザケ。GSとムードコーラス奇跡の架け橋、いま心の中で、餃子の皮たちが『廃墟の鳩』となって、夜空を羽ばたいてゆきました。

商店街は顔を変えても有って連なるだけで思い出を奏でてくれます。ムードコーラスもボーカルが様変わりしたとて、あればそれがマヒナなんだよ。神様がそう囁いてくれたような。人生ショッピングモールになってはいけません。「純ちゃんなにボーッとしてるのよ、電車が来ちゃうわよ。相変わらずねぇこの子は」

こうしてオコられてる限りぼくは永遠のマヒナチルドレンです！　駅にて、遠ざかる奥さまの姿に胸熱くなりふと『泣きぼくろ』の一節が流れました。♪霧が深くて深くって 街の灯りが溶けちまう そんな気がする夜だった……。

◆マヒナ浪漫紀行②

~哀愁の蕨篇

マヒナ終焉の地、蕨にやって来ました。

いきなり悲しいワープをしてしまいましたが、実は駅に降り立って、そう思いだしたのです。まずは順を追って。マヒナ時代、メンバーとしてご一緒いただいた方に会いにやって参りました。おそらく10年ぶりくらいだったのですが、ちょっとどきどきしながら携帯電話に残ったその番号につないでみると「おぉ、なんだタブチかよ！　元気だったのかよ！」とあの頃と寸分たがわぬ、いや、もっと大きな大きなお声。浅野和典さんはメンバーといっても同僚と称するにはおこがましい、いわば牧野ヘッドコーチのように招聘される形で、我ら「新生マヒナスターズ」に喝を入れるべく合流してくださったお方、もう80くらいになられている筈ですが電話口でいきなり背筋をピンと正され、京浜東北線には猫背で揺られてきました。

少々早く着きましたので付近を散策していたとき、ふと蕨はＡＬＦＥＥの高見沢俊彦さんの生まれ故郷であることを思い出しました。高見沢さんとはその髪型が似ていることとＧＳ好きという共通項で知遇を得て以来、心のヒーローのおひとりとさせていただいているのですが、周りの視線が「里帰りしたＡＬＦＥＥ」だと間違われていないか、俄に緊張が高まるぼく。ばかかよ。

そんなわけでとりあえず明るいうちからやってる飲み屋に吸い込まれ、ひとり片隅でちびちび飲んでいると、常連らしい5、6人の、川釣りの話なんかしておじさまたちのお1人

これがマハロ版。右端の山田氏がクール・ファイブでマヒナに強烈なシッペ返し。

がぼくを指差して「ママ、あそこのお姉さんにビールもう1本やって!」。え? すでにウーロンハイにシフトしていたのに思わぬ先祖帰りです。性別は間違えてるけど。そのうち「おっ、兄ちゃん（しれっと訂正）、ギター持ってんじゃん。俺うまいんだぜ。♪私祈ってます〜なんてさ」とまさかのムード歌謡が。おろおろしていたらそのさまに1人のおじさまから「ラジオのレポーターで大竹まことにいじられてる情けない奴」と気付かれる始末で、テーブルにあっというまに3本の赤星を並べてしまいました。勿論ウーロンハイも吸い干して、思わぬ楽しい洗礼となりましたがゲプッ、久しぶりに背筋を正しに来たつもりがもう骨密度ふにゃふにゃに。

こんな状態で懐かしい道を迷いながら浅野宅の門を叩いたのですが、考えてみればいつもこんなふうに、練習の時さえしらふで来たことがないことを思い出してきました。「なんだおいタブチ! 久しぶりだな〜」と肩をばちんばちん叩きながら相好を崩してくださる浅野さん。相変わらずダイナミックですが白髪は2割増し、表情も丸みを増しておられ、いよいよ好好爺たる風情です。

「タブチこいつはなぁ、ハンサムボーイだったんだよ! なぁヒロコ、そう思っただろう」

とあの頃のままの愛妻家ぶりでヒロコさんもあの頃のまま涼しく受け流されています。全て過去形なのが気になりますが、この〝ハンサムボーイ〟という響き、当時よく浅野さんのみに言われた専売特許たる表現で懐かしさがよぎります。ハンサムだなんて、プロレス名鑑にあった「〝ハンサム殺し屋〟剛竜馬」くらい恥ずかしかった記憶があります。「そしてコイツはなぁ、とにかくいい声してたんだよ、なぁヒロコもそう思っただろう」

こんなふうに当時からアメとムチの達人であった浅野さん、特筆すべきはあのアメとムチのシャウトが絶妙に絡み合うような『コモエスタ赤坂』の作者であられること。ロス・インディオスによるムード歌謡の古典ともいうべき大名曲ですが、実はここにもマヒナ分裂騒動がからんでいます。

浅野さんによればそもそもこの曲は何とマヒナスターズがレコーディングする予定であったというのです。当時は「ブルー・エコーズ」というキングレコードのマヒナたるグループに籍を置き『松の木小唄』のコーラスなどしつつ作曲家を目指していた浅野さん、一方で築地にあったビクターのビルに譜面を日参しては門前払いのような日々を経て、ついに認められた作品が『コモエスタ』だったのです。

ところがビクターから出されたのは「マハロ・エコーズ」という、ガチャガチャのコスモスのにせびっくりマンシール「ロッチ」よりひどくはありませんが何だかマヒナのバチモンぽいグループ。これが分裂の煽りでマヒナから脱退した2人が参加した敵対グループなのですが、浅野さんは当時心底ガックリしたといいます。まぁそのお陰で無名のロス・イン

玄関に歓迎の文字が。“ 純ちゃん　まっていたよ ”。ジーン。

懐かしきレッスン部屋。ここが “ マヒナ ” として集った最後の場所になりました。

に白羽の矢がたったわけですが。

因みにこのビクター盤は、デュエット盤なのですがマハロと絡む矢野ゆう子は宇野となって「♪今日もいい天気〜」と我が国の日曜の夕方を何十年にも渡って「明日学校だぁ」と薄暗くさせています。それはさておき、そんなご縁もあってか浅野さんもこの時期に瞬間的にマヒナにメンバーとして正式加入したことがあったのですが、脱退理由もまたメンバーとの軋轢にあったことが複数の証言によって明らかにされています。

「マヒナはなぁ、とにかく和田さんが可哀想。タブチ、お前ならわかるよな、この言葉の意味が」

これも浅野さんの当時からの口癖でした。実は和田さんが無念の死を遂げられたあとも、崩壊した国際プロレスが細々と興行を行った伝説があるように、1度だけ身も蓋もないようなぼろぼろマヒナがステージに立ったことがあります。ボーカルは……今思い返しても全く謎なんですが、マイク・タイソンを白く能面にしたような若者。まさにいきなり入ってきて、ずんぐりとセンターに立って「ジャイアンリサイタル」を繰り広げたのです。金を積んだのか何かは知りませんが（急に毒舌ですみません）、和田弘さんの師匠であるバッキー白片さん直系のれっきとした本流たるハワイアンパーティーで、会場のあちこちから失笑が漏れた伝説のトラウマ舞台。


そしてその懲りない練習がいま浅野さんとこうして枝豆むきながら缶ビールを飲んでいるこの部屋で行われていたのですが、その帰り道、タイソン君運転の車が浅野家を出て10秒ほどで一時停止無視により衝突事故。後部座席にいたぼくと伏見さんという先輩メンバーは蕨の病院に救急車で運ばれ入院。（タイソン君は無傷）さいわいにもムチウチで1泊で済んだのですが、その暗く静まった、たまに呻き声が漏れくる深夜の喫煙所で伏見さんが煙りと共に放った言葉「マヒナはもう終わりだね。和田さんがやめろって怒ってんだよ」ぼくは静かに頷き、これがぼくの中でのマヒナ、ラストのひとコマとなりました。

「色々あったねぇ、ほんと色々あったねぇ」としみじみ繰り返す浅野さん。因みに伏見さんはその失笑舞台から意を決して古巣のシャンニエで去年18年ぶりに歌い、ぼくは号泣しながらそれを客席で見届けて、蕨の病院以来顔を合わせた伏見さんとしきりに交わした言葉はやはり「色々あったねぇ」なのでした。浅野さんに肩を撫でられつつ奥さまともども玄関先で手を振られながら、心に流れたのは、10年ほど前ひっそりと自主制作で出した浅野さんがぼくのために作ってくださった楽曲です。♪あの街もこの街も通り過ぎたけど面影ばかりがすがりついてくる……（『粉雪のひと』）なよなよ猫背な自分にも〝傷だらけの青春〟があった。そんなふうに思わせてくれる、ちょっぴり感傷的な蕨の小さな旅となりました。

◆マヒナ浪漫紀行③

～小雨の上野毛篇

世の中は狭いといいますか、定期的に呼ばれているライブ小屋の若い店長さんから「うちの叔父は元マヒナスターズらしいんです」と聞かされたのは数年前のこと。さすがにそんな、石ころ投げればマヒナに当たるというほどマヒナ人口がいるとは思いませんので、これまた奇遇だなぁ、お会いしてみたいなぁという思いを懐いていたのですが、この店店長さんにお願いしてその方とまず電話でお話することが叶い、お顔見えずともその紳士ぶりが伝わってくる優しい口調で、早くも珠玉の思い出話が淀みなく受話器からこぼれてきます。「いいですよ、住まいは上野毛ですが、お待ちしていますよ」となるまでに時間はかかりませんでした。

それにしても上野毛、これまた奇遇といいますか。「マヒナスターズ音楽事務所」があった場所なのです。思わぬ聖人巡礼を兼ねた聖地巡礼と相成りました。指定の喫茶店に行く前に、しばしまた周囲を探索。そしてまた、ここでも残念ながら酔っ払っている自分の残像が。事務所のマンションへ、丸子川沿いを歩きながら表向き烏龍茶ペットボトルな自家製焼酎割りを欠かさずトクントクンと嚥下しながらふらふらと向かった道のり。事務所では簡素なキーボードにて和田弘さん直々のコーラスレッスンがよく行われたのですが、そこでも酒臭い息を吐き散らかしていたのだから下戸だったリーダーも溜まり場にして溜まったもんじゃなかったでしょう。「マヒナに居ながらなんて麻痺な野郎だ」とシャレのひとつでも言いたかったかもしれません。

それにしても決して近代的でない、当初単なる雑務場所だと思っていたマンションの一室がレッスン場所であり、はたまたリーダーのお住まいであるのを知った時は正直言葉を失いました。ぼくにとっては天下の和田弘先生が……。いつも椅子からずり落ちたような格好で足のマッサージ機の回転イボイボに興じながら「おぅ、元気だったか」とトレードマークのえくぼをぽかりんとさせていたのをおもいだします。

事務所への道のりも思い出せそうではあったのですが、住所案内板を調べれば待ち合わせ場所は逆方向。それにどこかほっとしたのは、在りし日の道を辿ればちょっと心がひりひり辛くなるからかもしれません。晩年の和田弘さんは幸せだったのだろうか……。そんな思いをくゆらせながら幽かな霧雨そそぐ坂道を下ってゆくと、件のカフェテラスに片や手を降る2人の姿がありました。

当時のマネージャー氏も同行してくれるから、とは聞いていたのですが、あれ？　静かに微笑む紳士の隣りで人懐っこく手を降るそのお顔にはかなりの見覚えがあります。「純ちゃん、先日はお疲れさま！」と声かけてくださったのは……今春に稲城市のほうの会館で行われた「トップギャラン with タブレット純コンサート」にてあれこれ世話を焼いてくださった方ではありませんか。

ここにきてようやくの要約なのですがこの方、酒井さんはマヒナのマネージャーを経て「森田公一とトップギャラン」のマネージメントにも関わっていたお方であったのです。

トップギャランといえば、やはり小学生時分にぼくの歌謡曲愛の入り口となったアーティストで、大人になって共演させていただけるようになったことを折に触れて感慨深く思っていたのですが、この架け橋もまた合縁奇縁なのであります。

もとい、ご紹介がそれましたがそのお隣りには寺沢武さん。件のマヒナOBで、ジャケットや昔の映像で見てきた面影をそのまま年輪とともに湛えていらっしゃいます。お2人はマヒナから離れたあとも交流があったようで、寺沢さんが何か思い出される度に「そう、ニャロメ（酒井さんの愛称）、あれだよ」と隣りの酒井さんの肩をちょんちょんとつつくさまはいかにも親しさが滲み愛らしいものがあります。

じつはこの時、途中から山中さんも合流してくださったのですが、算数のサインコサインタンジェントよりも難解な会話だった様子が隣りから伝わってきたのでここでは善意の無視（笑）。カメラマン役だけを果たしてそそくさ退散されたのですが、ムードコーラスに関係なくても芸能文化史としての宝石が沢山ころがっていたのですよ、山中さん！

寺沢さんは律儀にもその後丁重なる御手紙と当時の雑誌記事のコピーなども送ってくださいましたので、これをふまえてトピック的に寺沢さんの音楽的功績をざっと振り返らせていただきます。

●「日本で初めてエレキベースを使用！」〜まだ日本にはウッドベースしか無い時代に、エレキギターを楽器屋に特注し改造させオリジナルモデルを作り上げる。

●「あの「ダニー飯田とパラダイスキング」の創設メンバーだった！」〜稀代の不良にして天才歌手・水原弘と共に夜の巷を渡り歩き、そして共に脱退。

●「ロカビリーのレジェンド、山下敬二郎、ミッキー・カーチスとバンドを結成し日本のロックの夜明けに貢献！」〜山下と「ザ・コースターズ」「東京ヤンキース」、ミッキーと「アイビイ・ファイブ」を結成しそのリーダーとなる。

●「あの内田裕也をスカウトしデビューさせる！」〜大阪で「鈴木章治とブルー・カウボーイ」のボーヤとしてくすぶっていた彼を引き抜き、田川譲二と「ダブル・ビーツ」を組ませるなど実質的にデビューを後押しした。

寺沢さん。手にされているのは東芝時代の貴重なブロマイド。

酒井さんが大事にファイルされていた和田さんの訃報記事。この少し前に実は東スポ一面に「マヒナ告訴合戦」の記事が……。

ね！　すごいでしょ、山中さん。……。（返事なし）こうして並べてみると、ムード歌謡の片鱗はなく、むしろロックンロール紳士録に入れたくなるようなご経歴です。ポップス過渡期にはジャズにも傾倒しトッポジージョの声で有名になったピアニスト「山崎唯トリオ」にも参加、ここでドラムだったリッキー中山（後の960ポンド！）と共にハイセンスの妖怪のようなミッキー・カーティス氏のお眼鏡に叶いバンド編成のカクテルを任されたというのだから只事ではありません。

そんな確かなテクニック、慧眼はミュージシャン引退後にも生かされ、なんと珈琲豆のスペシャリストとしてその世界で有名になられ専門書も出版、長らく日本橋三越は宮越屋ブランドの芳醇ブレンドを守ってこられました。

しかし一体、マヒナとの接点はどこから……？

「マヒナはね、あの、メンバーが公演すっぽかした事件があったでしょ、あれは九州民音のコンサートでした。あの時僕はそのミッキーとアイビイ・ファイブで出てて、現場にいたんですよ（笑）。マヒナとはパラキンもハワイアンだから昔から顔馴染みでね、ぼくは特にジャズ繋がりでケージ（三原さと志）と仲がよかった。ケージを通じて和田弘さんからも正式に誘われてね、正直今さら歌謡曲っていうのもちょっと抵抗あったんだけど（笑）」

なんと、あの歌謡コーラス史を揺るがした、ひいては当時レコード会社同士の一大企業戦争とも言われたあの事件の現場にも居合わせたとは。結果それが運命の呼び水となって、東芝時代からさらにキングに移籍しての8年間をマヒナとして過ごした寺沢さん。

その脱退も円満で、和田さんに「マヒナ」の商標を自由に使っていいから、何とか次の世に残せるようなバンドを新たに組んでほしいという通達までされての、謂わば「大勝軒」的のれん分けとしての独立です。「新生マヒナスターズ」として後世にマヒナサウンドを残したい、とぼくたち若いメンバーに常々語っていた伏線が既にこの時あったとは。実際寺沢さんは「マヒナサウンドスペシャル＝通称〝MSS〟」たるマヒナの分家を結成したのがミュージシャンとしての現役生活のエンディングとなられました。〝MSS〟の音は明らかではありませんがネーミングからして、寺沢さんのロック魂がカクテルされた、スペーシーなマヒナサウンドが予測されなんだかわくわくします。

ロック魂といえば隣りにいる酒井さんもまた肩にロックを引っ提げているお方。18にして外タレ招聘のプロダクションに入社するやベンチャーズの面々とツアーに帯同、その折或る会館で偶々遭遇した前座のバンドを見て「これはイケル」とメンバーを都内へひっぱったことから「第一プロ」に入社、これが東芝移籍を機に流れてきたマヒナとの関わりを生むことになりました。何がロックかといいますとその大阪から連

さすがに水原弘は浮いてます。

パラダイスキング。「ミュージックライフ」誌より。水原弘さんの隣りが寺沢さん。このあと九ちゃんが。

れてきたボーカルの青年が後にドラマーになりChar、ルイズルイス加部と邂逅、「ピンククラウド」となる故・ジョニー吉長氏なのです。

ここからGS残党の駆け込み宿だったトップギャランとも後に繋がっていくわけですが、山中さんの生き霊に「その類いはもう前の本で終わったでしょうがっ」と突っ込まれましたのでここは泣く泣くよしなに。ここで、ロックというなら

和田さんの背後が寺沢さん。バイオリンベースが似合います。

我らが和田弘さんも参戦、驚くべきエピソードが酒井さんから。

「ある時和田さんがね、〝おいニャロメ、お前マイカー欲しいか〟って聞かれて。そりゃあ欲しいですけどって答えたら、冗談かと思ったらほんとに立派な新車をぽんと買ってくれたんだよ。あれは第一プロの仲間もみんなひっくり返ってさ（笑）」

寺沢さん在籍の東芝時代最大のヒットか。作詞はあの上岡龍太郎さん。

当時和田家の邸宅は渋谷の一等地にあったそうで、「目と鼻の先に越路吹雪さん家があってね、ご主人の内藤法美さんと和田さんと俺で卓囲んでさ。今考えたらえらい豪華な麻雀だよね（笑）」

なんてロックンロールな金遣い。晩年はお金で揉めたといわれる和田さんですが決してケチンボなんかではなく、単に時代が悪かっただけ。あとは週の半分は血を入れ替えなくてはならない過酷な身でしたので生きるだけで精一杯だったのでしょう……。

また同じ第一プロにはブルーロマンを率いて独立した松平直樹さんもそのまま会社にいて、お皿も同じ東芝。謀叛やいがみ合いもなくしょっしゅうメンバー同士顔合わせてたし全然仲悪くなかったとの証言も、自分はファンに立ち返ってなんだかとても嬉しく視界が熱く滲みました。

「和田さんのスティールは本当に最高、あの心は誰も真似できない。ねぇ寺沢さん、和田さんって偉大な人だったよね」「ほんと、いつも穏やかな人だったよね。あの人のこと悪く言う人は多分いないと思う」

ここまでゆるゆる取材してきたけど、本当によかった。窓の外にぐずついていた梅雨時の雨が、止む気配もないのにいつしか美しく輝いて見えました。

◆マヒナ浪漫紀行

～追悼の京都・鎌倉篇

「和田さんのお骨もやっとお墓に入ることができてほんとよかったよ。俺は1人でちょくちょくお墓参りに行ってるんだけどね」

そうお話しくださったのは先の元マネージャー、酒井さんでした。ぼんやりいつかはと自分も留意していたのですが、あのお葬式のあと、長らく眠る場所がなかっただなんて……。諸事情あったことと思いますが、今ようやくぐっすりモードに入られたであろうリーダーに申し訳ないと思いつつ、しばし墓前に座って「このやろ、相変わらず酔っ払ってやがって」と頭を小突かれたい気分に。

とある梅雨寒の日に、鎌倉駅から濡れた傘を閉じ路線バスの吊革にぼけーっと揺られている自分がおりました。初めてのマヒナのステージが終わった後、和田さんがかけてくださった言葉がふとよぎります。

「お前とぼけてて面白いな、黙って立ってるだけで。決して笑わせようとするなよ」

あれから20年近く経ち、決して笑わせない芸人になってしまったぼく。今になって和田さんの言葉が不意に響くことがあります。

「おい！　お前真剣にやれ！　くだらないことを真面目にやるから面白いんだろうが！」

これはステージで定番になっていた、唐突にぼくら若いメンバーだけで『ＵＦＯ』を踊り唄うというシーンの、そのリハでのこと。多分二日酔いかなんかでいかにもだらだらやっていたのでしょう、和田さんに烈火のごとく怒られたのはそのたった一度だけですが、「面白いけれど真剣に、くだらないけれど正直に」

ラジオ局に貼られた、出演している番組ポスターのそんなコピーが目に入った時も和田さんが降臨しました。

「お前の歌はいい声なんだがいかんせん色気がないな、もっと色気を磨け。お前はコジキか化けるかどっちかだな」

これもよく言われましたが、今や単に見た目にちかちか色が塗られただけの化け男に。当時は黒髪七三だったわけですが、完全に意味を履き違えました。すみません……。そんなこんな、和田さんの天の声を聴きながら我が身を振り返るうちにバスは「鎌倉霊園」へ到着。

猫の子1匹いない雨の墓地を野良猫のごとく歩いた末、濡れた草の匂いとともに「永沢家」のお墓はありました。酒井さんから聞いた言の葉がはらはらよぎります。

「色々あったけど、和田さんは奥さんの元に帰れたってわけだもんなぁ。まぁ墓ん中でまたケンカしてるかもしれないけどさ（笑）」

お葬式の日、もう乾杯を経てがやがやと思い出話に咲いているような広間と記憶しますが、不意に沈黙の中、痩せた女性の姿がゆっくりゆっくり遺影に粛々と向かってゆく姿が、白黒の無声映画のようにずっと心に残っています。あれからまもなくその奥様も亡くなられたと聞きましたが、もとは女性ハワイアンチームにいた方、手を合わせればフラのように優しく時空が揺らぎました。きっとお墓の中で夫婦仲良く椰子の実の夢を眺めていることでしょう……。

見渡せば、古都鎌倉の山の中。実は、この前の週にもぼくはやはり古都、京都の山の中におりました。

「お前ね、ミシマの歌を聴けよ。色気っていうのはああいう歌声をいうんだよ」

和田さんがよく諭していたその方、故・三島敏夫さん宅の仏前にも巡礼。松平さんインタビューにも折々登場しましたが、マヒナに流行歌を伝授した、はたまたあの裕次郎にも唄い方を指南したといわれる謂わば「ムード歌謡の曾祖父」のようなお方です。和田さんが亡くなられた後、ぼくは三島さんのカルチャー教室を訪ね、そのさらに極みへと昇華したような歌声の洗礼を受けました。数回お食事などもご一緒させて頂き、特攻挺「震洋」出撃直前に終戦を迎えた凄まじい体験を、優しく飲み込んでしゃぼん玉のようにお話されるさまは歌声そのもの、神が宿るわけだと納得したものです。

京都の山中の深窓にまどろむ奥さまはあの頃のままのキュートなお嬢キャラで、100歳も近いとは思えぬ艶のある京都弁ではんなり「ほな、あがり」と迎えてくださった玄関先には早くも三島敏夫さんの遺影が、そこかしこに仏様そのものを笑顔を称えていらっしゃいました。

「ミシマはなぁ、なんせ優しい人やった。無口なんやけどとにかくモテるんや、女のほうがほっとかん。平気であちこちからついてきた彼女と家帰ってくるんやからかなわんわ。でもよぉ憎めん、わたしゃいやな思いひとつせんかったわ、彼女にもよぅいらっしゃい、またきてやゆうてな、ほほほ」

総括。ご先祖様たちは、ただただ大きな方であった。千の風になって、あの大きな空を吹きわたっていました。そのスティールギターに、その歌声に、えもいわれぬ〝泣き〟があったと共通して評されるお2人ですが、悲しみはただ嘆くものではなく諌めるもの。そこにはどんな異物をも包み込む雄大さがなければなりません。三島先生は「戦争」を受け止め、和田先生は「タブレット純」を受け入れてくださったのだ。(大げさか)

三島夫人とのお別れ際、「ちょっと唄ってよろしいでしょうか」とアカペラでヒット曲『面影』を瞑目しつつ一節。

♪あの頃は　あの頃は　若い胸が　いつも切なく燃えていた……

優しい拍手と握手がそのままひらひらと小窓から、いつま

ついに、和田弘先生の眠る土へ。「バカヤロー、きやがって」と天から声が。

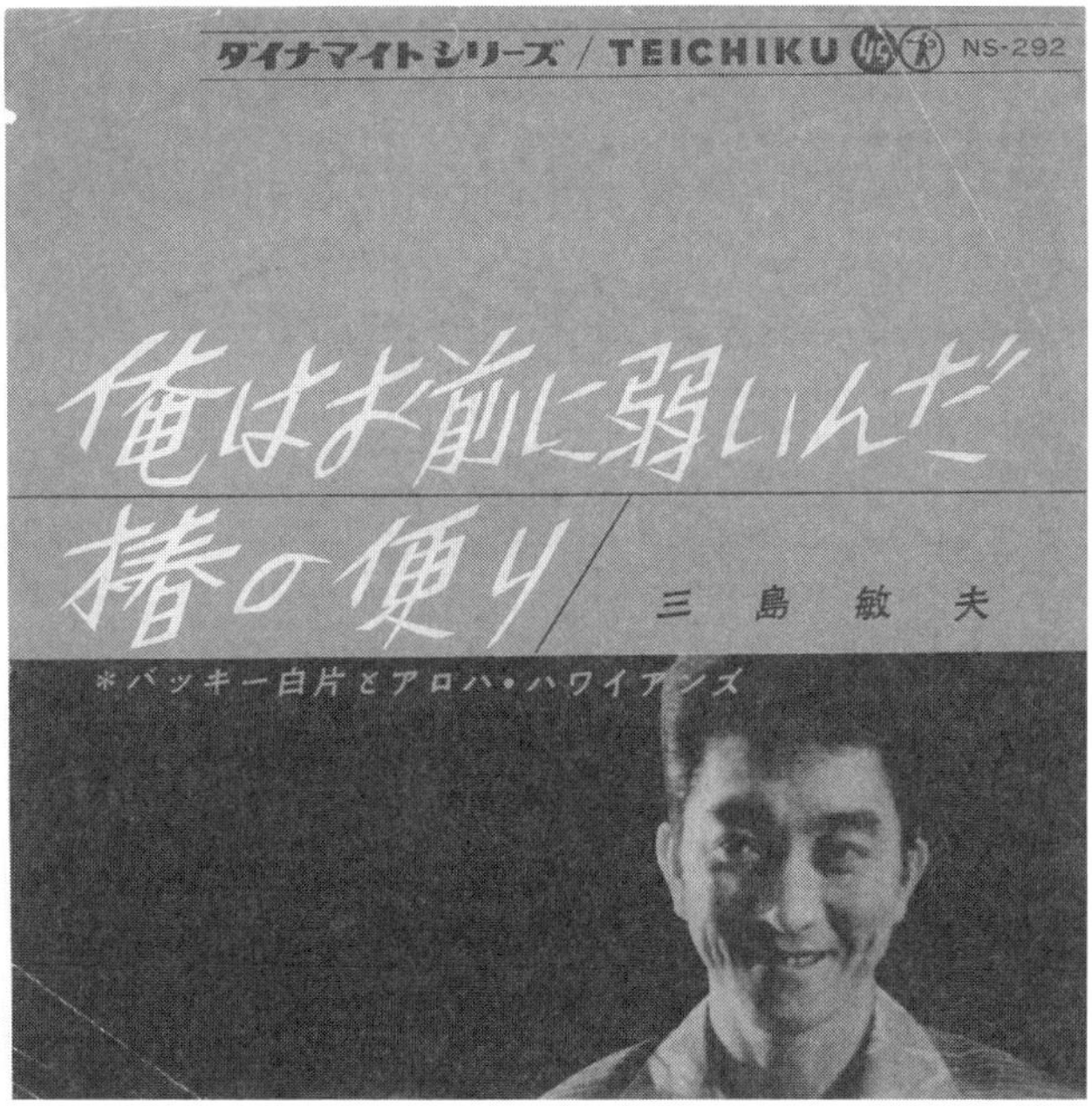

奥さま曰く「決して前に出ない人やった」そんな人柄がにじむ笑顔。

でも消えゆく背中をそよいで下さいました。

いまぼくが担当させていただいている歌謡曲講師業は思えばくしくも三島先生と同じ傘下の教室であり、今春、夢だった自前のムードコーラスグループをつくる夢が叶い、そうしてCDに納められた楽曲は『鎌倉哀愁クラブ』……知らず知らずしてご先祖の影を追っていたのでしょうか。まだ足元の小指の爪先にも及びませんが……。「和洋折衷」の美を心得た古都の地は、洋楽をベースにしながら和の心をも重んじたムードコーラスそのもの。

そういえば、京都の帰り道に夕暮れの五条大橋を歩いたのですが、ぼくのマヒナ時代のタキシード、その背広裏には「五条」と刺繍されていました。中核メンバーだったという「五条」さんがふっと消えたことでいただいたいのち。ぼくの人生は常に「五条」さんのお下がりです。ゆえに十条、赤羽あたりで飲み散らかしてるわけかとしみじみ。なんだそりゃ。

2つの紀行を終えて生きることがちょっと頼もしくなりました。ちなみにぼくが組んだグループ名は「東京ベルサイユ宮殿」といいます。今またリーダーに「なんだそりゃぁ。それじゃ、敏のホストクラブじゃねぇか。しょうがねぇな」と天から頭を小突かれ、八重歯がきらりと光った気がしました。

ガラケーのくせに自撮りでドヤ顔。

折よく訪れた親切なヘルパーさんに撮って頂きました。キュートなおばあちゃま。

三島邸で大発見！　まだ幼さの残るマヒナの皆さん。手のひらサイズのプレデビュー盤。幻の通称“ニッパー盤”に付属のシートでしょうか。右端の方が短期間在籍したアコーディオン奏者の方。

◆あとがき

大げさかもしれませんが、ここまで書き終えて、あぁ、あとはもう余生だと思いました。大げさですね。しかしムードコーラスに纏わる本を出すことは、それこそ思春期あたりからの、積年の夢でありました。思い起こせば、そもそもは愛するムードコーラスを1冊の本にしたいとおそるおそる叩いたマヒナの扉、それが〝マヒナ探りがマヒナとなって〟、出版界のミイラ・山中企画に還ってきた、ともいえましょうか。この文をしたためている現在、世の中はれいのコロナ禍、先行き見えぬぬかるみ状態で、山中さんと呑気にほっつき歩き出した時にはまだ夢にも思わなかった灰色の街がそこにあります。ぎりぎりではあったのですが、その影をだましだまし切り抜け、なんとかこの珍道中を終えることができました。文字数の多さに合わぬニーズの少なさ、すなわち経費の赤字を予測しマックのコーヒーを啜りながら嘆く山中さんではありますが、かと思えば「次回はローヤルレコードですね、あれやりましょう」と急に躍起に。ローヤルレコードとは昭和40年代、とんでもなく陽の当たらない場末の歌手ばかりを吹き込み散らかした狂気のインディーレコード会社なのですが、ぼくの無駄話から意外にも山中さんのツボに入ったらしく、「そ、そんな本こそニーズ0かとおもいますよ」と逆に突っ込む始末。細かいのかずぼらなのか3年経ってもわからない、「分倍河原」みたいなお方です。

かくいうぼくも人生そのものが余生のような身でありますが、浅草東洋館では林家ペー師匠が「余談漫談」と称して舞台に立っておられるように、余りものにこそ咲く花がこの世にはあるのでしょう。戻り給え、ありふれた日常！　余談出版社・山中企画の次回作はここに「ローヤルレコード聖地純礼」と決まりました。この本の発売によってコロナは木っ端微塵に吹き飛んでいることでしょう。

さいごに、インタビューに答えてくださいました、偉大なるムードコーラスの先人たちに果てしない感謝と敬意を抱きつつ、筆をおきたいと思います。人、そのものが「聖地」であった！　あ、ついでに山中伊知郎さんにもデルコラソン！

（損が出たらごめんなさい、の意）

デザイナーの小野太久一郎さま、気をつかってこんな写真を。最後までお付き合いありがとうございました！

ご縁あって描いて頂いた敬愛する吉田照美画伯によって、晴れてマヒナの“亡霊メンバー”に。はなから亡霊だったのかも。

◀後期によく司会して頂いたTVレポーターで活躍された村上允俊さんと。91歳でご存命。お元気かなぁ。

▼アメリカのジャズアンサンブル「ピンク・マルティーニ」がマヒナに注目し、来日。そのセッションが最後のレコーディングに……。写真のトーマス氏(左端)が異国の中古屋で偶々見つけたマヒナのレコードに痺れての経緯は、どこか我が身に通じるものがありました。和田さんの急逝で、今や世界的ツアーバンドとの幻の50周年記念曲『菊千代と申します』はこの世のどこかに眠る。

【著者略歴】

タブレット純

　昭和49年生まれ。幼少時よりAMラジオを通じて古い歌謡曲やムードコーラス、グループサウンズなどに目覚め、思春期は中古レコードを蒐集しながら愛聴、研究に埋没する日々を送る。

　高校卒業後は古本屋、介護職などの仕事をしていたが、27歳の時、ある日突然ムードコーラスの老舗・和田弘とマヒナスターズに芸名「田渕純」としてボーカルで加入。

　以後２年間、和田弘氏逝去まで同グループで活動。グループ解散後、都内のライブハウスにて、ネオ昭和歌謡、サブカル系のイベント出演の他、寄席、お笑いライブにも進出。

　ムード歌謡漫談という新ジャンルを確立し、異端の存在となっている。

タブレット純の
ムードコーラス聖地純礼

2020年10月20日　初版発行
2020年11月20日　第2刷発行

著　者◆タブレット純

発　行◆(株) 山中企画
　〒114-0024 東京都北区西ヶ原 3-41-11
　TEL03-6903-6381　FAX03-6903-6382
発売元◆(株) 星雲社（共同出版社・流通責任出版社）
　〒112-0005　東京都文京区水道 1-3-30
　TEL03-3868-3275　FAX03-3868-6588

印刷所◆モリモト印刷
※定価はカバーに表示してあります。

ISBN978-4-434-28067-2　C0073

タブレット純の GS 聖地純礼

発行：山中企画
発売：星雲社

四六判・１９２頁
定価１，５００円（税別）
ISBN978-4-434-26440-5　C0073

あの、栄光の60年代、「時代の寵児」として輝きを放ったGS（グループサウンズ）があった！　わずか２～３年の命で消えて行った彼らの残像を求めて、今、稀代の「ＧＳマニア」タブレット純が旅に出る！　ＧＳゆかりの聖地、横浜ゴールデンカップ、新宿ＡＣＢ、大阪ナンバ一番、京都田園……。どこにもかつて眩く輝いていた確実な「痕跡」があった！

【山中企画・GSシリーズ】

『最後のGSといわれた男』

オリーブのマミー（キムタケ）著

「伝説のGSバンド」オリーブのリードヴォーカル・マミーが語る、あの懐かしくも素晴らしき日々！

あっという間に過ぎ去った夢のような、あの3年間が、今、甦る！

ISBN978-4-434-22614-4　C0076
定価 1500 円＋税
発行　株式会社山中企画
発売　株式会社星雲社

『GS第三世代50年後の逆襲』

ザ・ラヴのユウジ（高宮雄次）
オリーブのマミー（木村みのる）著

オレたちの夢はまだ終わってはいない！

あのGS黄金時代を疾走した戦士たちが、今、再び、新しい黄金期を目指して立ち上がった！

ISBN978-4-434-25299-0　C0073
定価 1500 円＋税
発行　株式会社山中企画
発売　株式会社星雲社